JN128482

夢をかなえる龍

SHINGO

光文社

目次

デザイン／ISSHIKI（デジカル）
カバーイラスト／sayappe
本文イラスト／SHINGO

この物語は実話をもとにしたフィクションです。

第1章

監獄（会社）からの脱出

「あれ？」

どうしたんだろう？
目が覚めたのに身体《からだ》が動かない。
金縛りか？

いや、そんなオカルトなことを言っていてはいけない。今日は週に一度の重要な会議の日だ。今すぐベッドから起き上がり、出社の準備をしなくては。7時5分の電車に乗り遅れてしまったら、始業時間に間に合わない。

しかし、なぜだ？
なぜ身体が動かない⁇

「マサユキちゃーん」
「はい……」

「マサユキちゃんさあぁ、本当に文章のセンスがないよねえ」

「はい……」

「昨日提出してくれた資料だけどさぁ〜。本当にこれでいいと思って提出してるワケ？」

「まあ、一応……」

「困っちゃうんだよなあ。このレベルの仕事されてちゃ〜」

「どこがダメなんですかね」

「うーん。全部」


坂上部長のダメ出しが始まった。坂上部長は僕の上司だ。とにかく人生のすべてを仕事に捧げている人だった。大学時代は剣道をやっていたらしく、頭のてっぺんから足の先まで体育会系の人だ。しかも、国立の優秀な大学を出ていて、まあ頭がいい。大学卒業後は銀行に就職して、10年前に当社に転職してきた銀行出身転職組だ。だから仕事は大変に優秀。社長もかなり信頼を置いている。ただし、残念なことに口がとても悪い。

「ひでぇなあ、この資料」

そう言うと坂上部長は、僕が苦心して作り上げた資料を投げ捨てるようにデスクに置いた。すべての文章が彼の赤ペンで修正されており、資料がまるで血に染まったかのようだった。僕の資料は毎回すべて修正され、「血染め」になるのがいつものことだった。全部直すなら最初から自分でやったらどうですかと、喉元まで言葉が出かかるが、まだ一度もその言葉を口に出したことはない。

「こんな仕事してるくらいなら、１回死んだほうがいいよ」

坂上部長の口ぐせは「死ね」だった。彼の下についてから、僕は何回殺されたことだろう。

「オレの『奴隷』なんだからオレの言う通りやっときゃいいんだよ。なんでできねぇんだよ」

「奴隷」という言葉も好きだった。「フラットな組織」などという言葉がビジネス雑誌にちらほら現れる昨今だが、坂上部長はそんなことはお構いなし。体育会系な上下関係、いやそれを超えた「主従関係」が大好物だった。

部長自身も社長に対して、最高の忠誠心をもって仕事をする。社長が「やれ」と言ったことは、絶対に実現させる。その忠誠心はさながら「忠臣蔵」の赤穂《あこう》浪士のような気迫があった。だから会社への忠誠心がない僕は、坂上部長から見ると、「死んだほうがいいクソ社員」なのだろう。


「あのさあ、マサユキちゃん」

「はい……」

「いつまでこんなことやってんの？」

「いえ……自分なりには一生懸命やってるんですが」

「そうかぁ、一生懸命でこれかぁ。だったら人生終わってるねぇ～」

「そうですか……」

「うん、終わってる。終了してる。君の映画はエンドロールでお先真っ暗だね」

「すみません」

「いや、謝らなくてもいいよ。詫《わ》びるならマサユキちゃんのお母さんに謝ったほうがいいんじゃない？　こんなクソ人間に生まれてきてごめんなさいって。ねえ〜」

「すみません」

「ほらぁ〜、謝んなくていいって言ってるのに謝るでしょぉ〜。どこまでバカなのかねぇ〜？」

「……」

「あとさあ、見間違いかもしれないけどぉ〜有給休暇申請出してなかった〜？」

「はい。家族と旅行に行こうかと思っていまして」

「あのさあ〜、休みすぎなんだよねぇ〜君」

「でも、有給休暇は今年１日しか使ってなくて、あと39日取得できると思うのですが……」

「ふーん。仕事はできないのに権利は主張するのね。ぶらさがり社員の典型だね、マサユキちゃんは〜」

有給休暇だけではない。僕は土日もほとんど休んでいない。

ブラック企業に勤めるサラリーマンの仕事量は、平日の勤務時間内に終わる量ではないのだ。金曜日に仕事を終えて退社する際、パソコンにたんまりと仕事を詰め込んで自宅に持ち帰る。土日は近所の有料ワーキングスペースで仕事をする。もちろん、ワーキングスペース代は自腹だ。経費にはならない。

平日だって定時で帰れるわけではない。いつも会社を退社するときには日が暮れて外は真っ暗だった。夕日なんて何日も見ていない。わが社ではこんなのは当たり前だ。仕事が遅い人間が悪い。無能な人間が悪い。休みたければ仕事を早く進めて成果を出せばいい。なんてシンプルなんだろうか。でも、このシンプルなシステムは有能なスーパーマンならともかく、僕にはまったく対応できるものではなかった。ゆえに長時間労働をこの何年も続けている。

「あのさあ～、もっと頑張りなよ」

「はい……」

「給料上がんないよ、そんなんじゃ」

「はい……」

「家買ったんでしょ？　ローンあるんでしょ？」

2年前にマンションを購入した。僕の住まいは、郊外にある大規模マンション。35年ローンを組んで買った。会社から片道2時間、往復4時間の距離にある。なぜ、こんな遠い場所に住んでいるのか？

もちろん、勤務先の近隣にあるマンションを購入することを一番に検討した。だが、会社周辺の地価は当時、最高値になっていて、僕が手を出せる物件は一つもなかった。すなわち、僕の経済力では、会社から2時間かかる場所にある住宅しか買えなかったということだ。それでも、自分の家が欲しいという妻の要望と、子どもたちの未来を見据えたうえで、清水《きよみず》の舞台から飛び降りる思いで購入したのだった。

「頑張れよ。もっと死ぬ気でやれよ」

「はい……」

2時間かかる会社への通勤中、ホームで電車を待っていると必ず頭をよぎる言葉があった。

それは「団信保険」という言葉。

団信保険とは住宅ローンの契約者が支払い中に死亡した際、残された遺族はローンの支払いを請求されず保険会社が肩代わりをしてくれるという保険だ。つまりひと言で言えば、僕がこのホームから線路に飛び込めば、住宅ローンは消えてなくなるということだ。

「頑張れ。頑張れ。死ぬほど頑張れ」

人は頑張れ、と言われすぎると、この世界から消えてしまいたくなる。そんなことは坂上部長に言っても、またバカと言われるのがオチだろう。僕は職場という戦場で戦う以前に、**「この世界から消えてしまいたい」という自分の心の声と戦うことが日課になっていた。**

消えたらどんなにラクだろう。もちろん、家族は悲しむだろう。ただ、悲しみも一時的なもので、僕がいない生活が日常になれば、それに順応するに違いない。いい意味で僕は風化されるはず……。

おっと、危ない、危ない。きっと人身事故になってしまう悲しいサラリーマン戦士たちは、こんな危険思想に頭を持っていかれてしまい、〝ふっ〟と飛び降りてしまうのだろう。そして、僕はこの悲しいサラリーマン戦士の予備軍であるのは間違いない。電車を待つときは、この〝ふっ〟の防止のため、足を大きく前後に開き、身体の重心を後ろ足にかけて立つことが習慣になっていた。

どうしてだろう？　なぜこんなことになってしまったんだろう？

こんな人生を望んでいなかった。長距離通勤、ハードワーク、死ねと言われる日々。こんな人生になってしまったのはどうしてなんだ？　そもそも、僕はサラリーマンになんてなりたくなかった。大学生のとき、いわゆる「ベンチャーブーム」が起こった。会社に勤める生き方ではなく、自分で会社を興して起業する生き方が急速にクローズアップされたのだ。学生時代の僕には、起業家の生き方はエネルギッシュでダイナミックでカッコいい生き方に見えた。

たくさんの起業家に会いに行ったし、起業家が読むような雑誌を読み、起業家が集まるパーティなどにも参加した。カフェで黙々と一人でビジネスプランを練っていたこともあった。就職したのも起業に必要なスキルを身につけるためだった。だから今の会社は3年で辞めるつもりだった。

でも、結局はズルズルと今の会社に居続けている。振り返ると、僕はいろんな妥協をしてしまったのだ。家族ができたこと、会社の業績が下がったこと、そのとき頼ってくれた同僚がいたこと。それらのことを言い訳に、僕は自分の人生を誰かに譲り渡してしまったのだ。

そう、僕は「いい人」に見られることを優先し、自分の人生をムダにしてきた、勇気のない弱虫チキン野郎なのだ。人生を変えるチャンスがなかったわけではない。ただ、僕は決断しなくてはいけない場面で、決断から逃げてしまったのだ。そのせいで、今の不幸な状況を作り上げてしまった。

自分が悪い。ダメなのは自分だってわかっている。それは重々承知している。ただ、どうにかしてこの八方ふさがりの今の状況から抜け出したい。自由になりたい。でも、どうしたらいいかわからない。

現状から逃げ出したい思いが僕を突き動かす。そして、業務中にもかかわらず、つい仕事用のデスクのパソコンで「転職サイト」を見てしまう。

1日に何回見るだろうか？　もちろん、上司にバレたらお説教されるのは明白だ。坂上部長は真っ赤になって、怒り狂うだろう。だから、坂上部長に後ろからのぞき込まれないように、自分の身体でパソコンを覆い隠す。肩甲骨《けんこうこつ》を大きく広げ、まるで背中に目がついているように、背後の気配に敏感になった。

転職会社にはもう4社ほど登録していて、メールで求人がひっきりなしに届く。しかし、やりたい仕事などそうあるものではない。どれもピンとこない求人ばかりだ。たまに、お！　これは！　という仕事があって履歴書を送ってみるものの、書類審査はほとんど通らない。一度、審査が通り、面接に行ったことはあるが、その会社のエリートビジネスマンから高圧的な対応をされてからというものの、完全にメンタルが挫《くじ》けてしまい、もう面接に行く気にもならない。

今の会社ではない場所に行けば、少しはラクになるのかもしれないが、市場価値が低い僕みたいな人間は、転職サイトを眺めてちょっとした現実逃避をする他ないのだ。

転職サイトを見るのも飽きたので、パソコンで「自由になる方法」と検索した。

つい、心の中の願望をそのまま検索窓に入力してしまったのだ。検索結果に出てきたのは、インターネットビジネスで成功した男性。この男性は1年の3分の2を海外で生活し、オフィスに通勤する必要もなく、世界中どこでもパソコン一つで仕事をしているそうだ。年収は３０００万円。タヒチのビーチで焼けた色黒の肌に、真っ白な歯を光らせながら、自信にあふれる満面の笑みでこちらを向いている。「会社員を辞めて自由になる方法」をセミナーで教えているのだそうだ。

「一生社畜でいるつもりなんですね？」

「いつまで自分にウソをつき続けますか？」

「本当の自分になって最高に自由な人生を手に入れる8つのステップ」

など、今の僕の心をえぐるようなフレーズがサイト中にちりばめられていた。僕の心中は一瞬にして、激しい怒りとやりきれない悲しみでいっぱいになってしまった。

ああ！　この人は僕が最も欲しいものを全部持っている！

逆に言うと、この人が持っているものを、僕は全部持ってない！
ん？　ナニ？　年齢は僕の３つ下だと？
なんだ、この人生の「天と地」感は！
「雲泥《うんでい》の差」とはこのことか！
彼は「雲」で僕は「泥」だ。
ああ！　文字通り毎日「泥水」をすする僕の人生！
どこで間違えた！
こんな人生！
こんな仕事！
もうやりたくない！
死ねっていうオマエが死ねよ、坂上！
マジその昭和なアタマ、時代遅れなんだよ！　クソっ！
もうイヤだ。
辞めたい！
自分の好きなことを仕事にしたい！

自由に生きたい！

……という「気持ち」をぎゅぅぅぅぅぅぅつとお腹の奥のほうにしまい込む。

そして、サボりタイムはもう終わりと自分に言い聞かせ、再び淡々と業務に取りかかる。自分の気持ちなどを優先しては、仕事が進まないのだ。仕事が進まなければ、成果も出ない。成果を出さなければ給料も上がらない。僕はこの人生を選んでしまったのだ。35年ローンを返さなくてはいけないのだ。家族を養っていかなくてはならないのだ。子どもを大学に入れなくてはいけないのだ。

自由な人生など望んではいけないのだ。

だから、毎回出てくる自分の気持ちはお腹の奥のほうに封印して、出てこないようにグッと閉じ込める。**仕事のスキルは一向に成長しないが、自分の気持ちを抑え込むスキルだけは、達人級に上手《うま》くなっていた。**

おそらく身体がベッドから起き上がれないのは、このような状況の中で生活してきたがゆえの「強度の心身疲労」によるものだろう。自分の身に何が起こったかくわしくはわからないのだが、ただ何かの一線を越えてしまった感じがしていた。この症状は風邪や体調不良の類《たぐい》ではない。おそらくは、精神的な疾患《しっかん》か何かではないか、という予感が頭の中によぎる。とはいえ、今日は非常に重要な会議がある。その会議の仕切りは僕でないとできない。資料も全部僕がそろえてきた。

でも、今ここで休まなければ、それこそ、本当に一線を越えて、冗談抜きで死んでしまうのではないか？

生命の危機を感じた僕は、さすがに今回ばかりは自分の身体より仕事を優先するわけにはいかなかった。動かない身体を引きずるように横にずらし、携帯電話を手に取った。

会社に電話する。

「すみません、あの……39度の熱があって……今日休ませてください」

〝熱がある〟と言ったのはウソだ。ひとまず、今日は休ませてほしいが、ずっと休むことはできない。〝熱がある〟と伝えておけば、会社は「マサユキは熱が下がれば出社する」と捉えてくれるだろう。

「はあ？　バカじゃねえの？　這《は》ってでも出てこいよ」

坂上部長はそう言った。

「どうしても、どうしても今日はムリです、今日はムリなんです。お願いします。本当にすみません。今日だけは休ませてください。お願いします。お願いします。お願いします」

意識が朦朧《もうろう》としてくる。とにかく、僕は機械のように「お願いします」と口にしていた。今日休まないと本当に死んでしまう。

「しょうがねえなぁ！　明日は出てこいよ！」

僕の危機感を察知したのだろう。ひとまず、坂上部長は休むことを承諾した。今日は１日ベッドで寝ていよう。様子を見たうえで明日出社をするかどうか決めよう。病院に行ったほうがいいのか？　でも何科にかかったらよいのか……内科じゃないよな。やっぱり精神科や心療内科だろうか。

そんなことを考えていた矢先だった。携帯電話のメールの着信通知が鳴った。

高田さんからだ。

高田さんは僕の部下で、10歳〝年上〟だ。ふつうは10歳年上の人は僕の上司になるはずなのに、彼は部下なのだ。この事実から、彼の職務態度や職業能力は推《お》してはかれるだろう。端的に言えば、仕事をしない人だった。仕事を依頼しても、あまりにもクオリティの低い成果物が提出されてしまい、結果、僕がすべてを手直しする。だったら最初から僕がやったほうが早かったということが何度もあった。これが年下の新人なら、まだ面倒の見甲斐もあるが、10歳も年上の先輩に手取り足取り仕事を教えるのは正直しんどい。高田さんも年下の僕に手ほどきされるのはプライドが傷つくようなので、最近では仕事をほとんど依頼しないようになった。

でも、一番の問題は高田さんが仕事をしないことではない。そんなことよりも納得がいかないことがある。

それは、高田さんは僕より「給料が高い」ということだ。

ひいき目なしで、僕は彼の１００倍は仕事をしている。僕は終電ギリギリまで仕事をする。彼は定時で帰る。なのに、僕のほうが給料は安い。年功序列という言葉は廃れ、成果に伴う賃金体系という言葉が優位に立ちつつあるとは聞くものの、長年日本企業の中心に置かれていた制度はすぐに変わるものではない。当社も例外ではなかった。年齢が上になるほど給料は高くなるのだ。なんでこんなに不公平なんだ？？？

そして、高田さんがメールをしてくる理由はだいたい察しがついた。今日の会議のことを聞きたいのだろう。会議の準備の９割は僕がしてきたので、今日の会議を僕が欠席してしまうと、高田さんにすべての〝オハチ〟が回ってきてしまうのだ。ただ、高田さんには逐次情報共有をしているので、彼が今日の担当になっても問題はないはずだった。もちろん、当事者意識があれば、の話だが。

坂上部長もフォローするだろう。ただ、部長は僕らの担当業務以外に多くの仕事をしているので、会議の資料や詳細については明るくない。したがって、高田さんにとっては突然重要な役が回ってきたということになる。まさに青天の霹靂《へきれき》だろう。職務をサボっていたツケが回ったのだ、といえばその通りなのだが、仕事が嫌いな高田さんのことだから、きっと彼は今日一日憂鬱《ゆううつ》だろう。僕は携帯電話を手に取り、高田さんのメールを読んだ。

マサユキさん、お疲れ様です。

今日は体調不良でお休みということを聞きました。ゆっくりお休みされてください。

ただし、体調不良の身体に鞭《むち》を打つようなことを承知で申し上げますが、本日の会議の重要性をご理解されていますか？　体調管理も上司の務めではないのでしょうか？

体調を壊すなら、きちんと仕事をされた上で体調を壊してください。未熟な上司の下につくこちらの身にもなってください。

ひとまず今日の会議は進めておきますが、私にはわからないことがたくさんありますので、会議終了後、持ち越し案件がたくさん出ると思います。その後の処理はお願いします。それではお大事に。

パンッ！

最後の最後になんとかつなぎとめていた「糸」が切れた。比喩ではなく、本当に身体の中から「糸が切れる音」が聞こえた。

ダメだ。力が入らない。まったく入らない。すべての気力が身体の外に放出してしまった。先ほどまで明日には会社に行こうと思っていたわずかばかりの力が、僕の中から完全に抹消《まつしょう》されてしまった。

もう、どうにでもなれ。きっと、明日出社しても誰も味方をしてくれないのだ。すべてを僕がやらなくてはいけない。毎日遅くまで仕事をし、休日出勤までして、それでもまだ死ぬほど頑張れと言われ、さらにはお荷物社員の面倒を見続ける。**これでは線路に飛び込むのも時間の問題だ。**

僕は坂上部長にメールをした。

お疲れ様です。先ほどは39度の熱があり休むとお伝えしましたが、あれは嘘でした。申し訳ありません。本当はベッドから身体を起こすことができず、身動きが取れない状態です。おそらくは心療内科系の疾患ではないかと思います。今日病院に行ってきます。また連絡させてください。おそらくは、明日も出社できない可能性が大きいです。大変ご迷惑をおかけしますが、どうぞよろしくお願いします。

そして携帯電話の電源を切った。部長からの返信を見たくない。僕は布団をアタマからかぶって、現実を見ないようにした。もう仕事ができないかもしれない。家族を養うこともできないかもしれない。

冷静に考えれば、不安になるはずの状況だ。にもかかわらず、布団にくるまりながら、僕の心は不思議とほっとしていた。

「うつ病だね」

先生は僕にそう告げた。80歳は超えているだろうか？　見た目や表情はおじいちゃんだが、水色の白衣がやけに若々しく見える「Tメンタルクリニック」のT医院長は、はっきりとした口調でそう言った。先生いわく「大脳の使いすぎ」らしい。なぜ大脳を使いすぎるとうつ病になるかはよくわからなかったが、脳を使いすぎていることについては、強い自覚症状があった。

「よく頑張ってきたね」

先生のそのひと言に、涙があふれそうになった。少なくとも3か月は会社を休む必要があるらしい。薬を飲んで自宅療養すること。診断書を書くから、会社に提出すること。有給休暇が残っていれば、それを使って休むことを指示された。幸か不幸か、有給休暇はたんまりと残っている。

僕は先生から言われたことを、坂上部長ではなく人事部に伝えた。人事部は、部長にはこちらから伝えておきます、と言ってくれた。会社としては僕がこの状況で坂上部長とコンタクトを取るのは危険だと思ったのだろう。もし仮に、坂上部長がこの状況で僕を追い詰めるようなことを言ったら、僕は本当に命を絶ちかねない。これは会社としては存続の危機に触れるほどの高いリスクだ。

結果、僕は長期休暇を取ることになった。

病院から帰るバスを待つバス停のベンチで、ぼーっと今までのことを考えていた。思い返してみれば、通勤時間に電車に飛び込みたくなる衝動も、坂上部長に「死ね」と言われて死にたくなってしまうのも、うつ病の初期症状だったのかもしれない。ずっとうつ病のまま走り続けてきたのかもしれない。積もり積もった蓄積が、今日はじけて爆発してしまったのかもしれない。

とにかく、今は生きる屍《しかばね》のように何もできない。それでも、思考だけはどうにも動いてしまう。これからどうしよう？　３か月休んでうつ病が治ったとしても、今の会社に戻りたいだろうか？　いや……戻りたくはない。もう、あんな監獄みたいな場所には戻りたくない。でも、僕には養っていかなくてはいけない家族がいる。支払っていかなくてはいけない住宅ローンがある。会社を辞めたとして、お金はどうする？　どうやって家族を食べさせていく？

いやいや、待て待て。こういうことを考えてはいけない。できるだけ脳を使わないことが今の最優先事項なのだ。まずはうつ病を治そう。薬を飲んでぼーっとする毎日を送ろう。考えるのはそれからだっていいじゃないか。まずはゆっくりすること。何も考えずにのんびりすること。

ああ、そんな時間は今まであっただろうか？　学生時代以来じゃなかろうか？　そう考えると14年もの間、何もしない時間がなかったのだ。だから、この３か月くらいは何もしない時間を自分に与えてあげてもいいじゃないか。そう思ったら少し気がラクになった。

ふと、顔を上げると、雲一つない秋空に、大きな夕日が燦燦《さんさん》と輝いていた。

第2章
龍神との出会い

会社を休んで1週間が過ぎた。とにかく、何もしたくない。けだるい。重い。話したくない。時折、激しく自分を責める衝動が起こる。食べることだけはするから、どんどん太る。自分が醜いブタのような気がした。でも何もできない。

僕がうつ病になったことを知った友人がメールをくれる。どこかに行こうと誘ってくれる。ありがたいのだが、何もしたくない。

何かがのしかかってくるような感覚。そして、衝動的に泣きたくなる。何もしたくないけれど、何もしないのは病気の回復にはつながらないらしい。病院の先生からは、1日最低1回、散歩程度でよいので外出することを薦められていた。ひとまず、重い身体をぐいっと持ち上げて、僕は靴を履き、散歩に出ることにした。

自宅の近くには大きなショッピングモールがある。土日に家族で来ることはあっても、平日に来たことはほとんどない。ガラガラで、店員もみなヒマそうな表情をしている。

ここの書店がお気に入りだ。店頭の一番目立つ場所には、定期的にイベントコーナーが設置されている。今月はスピリチュアル特集らしい。

「スピリチュアルか……」

僕はあんまりこの手の本は得意ではない。多くの日本人がそうだと思うが、「スピリチュアル」という言葉自体に抵抗がある。なんというか、宗教っぽいし、オカルト的でちょっとアヤシイにおいがする。テレビのワイドショーでは霊能者にお年寄りが何百万円もする壺を売りつけられたとか、女優が何億円もだまし取られた、などというニュースもよく聞く。正直、あまり手を出したくない分野だ。

ただ、神社の本だけは興味があった。神社は息子の七五三のときにも行ったし、友人の結婚式のときにも行くため、抵抗は限りなく少ない。また一時期は神社好きな友人に連れられ、いろいろな神社を回ったこともあった。

その友だちはコウさんと言って、根っからの古事記マニアだった。彼は古事記のストーリーをイラストで描き、48コママンガにまとめあげ、古事記講座を自主開催するほどの熱狂的古事記ファンだった。その古事記講座の名前をＫＪＫ48（コージーキーフォーティエイト）と言った。

スピリチュアルに奥手な僕も、古事記をはじめとする日本神話には馴染《なじ》みがあるし、スピリチュアル以前にコウさんのことを友人として信頼していたので、神社だけは僕の中で唯一興味のあるスピリチュアルの分野だった。

イベントコーナーには神社の本がずらっと並んでいる。最近は神社ブームらしく、関連の本がたくさん発刊されているらしい。その中でも特に面白そうな本を手に取った。

『サクセスしているパーソンは、なぜ神社にゴーするのか』

どうやらこの本が最近の神社ブームの火付け役のようだ。タイトルが長いので、巷《ちまた》では略して『神ゴー』と呼ばれているらしい。著者の名前は「九頭龍平八《くずりゅうへいはち》」という。プロフィールを読むと、どこかの大学の教授だったらしく、教授職を辞めた今でも「九頭龍教授」という愛称で呼ばれているそうだ。

この『神ゴー』シリーズは、１万部売れたらベストセラーと言われる出版業界の中で異例のシリーズ累計30万部超の大ベストセラーになっているらしい。ページを開くと、僕の目に飛び込んできたのは一つのグラフだった。

神社の本なのにグラフとは、さすが大学教授らしく科学的だな、と感じた。そのグラフには「神社の参拝回数と幸福度の関係」というタイトルがついていた。なんでも、この本の著者はリサーチ会社と協力して、「神社の1年間の参拝回数」と「幸福度」にどのような関係があるかアンケート調査をしたそうだ。この調査によると、神社の参拝回数が増えれば増えるほど幸福度が上がるということが実証されたとのこと。

さらに、面白いことに、「神社の1年間の参拝回数」と「年収」との関係もアンケート調査をしていて、**神社の参拝回数が多い人は、年収が１０００万円の人と同程度に幸福度が高いということがわかったそうだ。そして、神社にまったく参拝しない人の幸福度は著しく低いらしい。**

「神社かぁ〜。行ってないなあ〜」

最近は仕事が忙しくて正月でも神社に行ってなかった。ああ、だから今僕は幸福度が最低なのか……。

そういえば、コウさんから電話をもらっていた。うつ病になったことを聞きつけて心配して電話してくれたのだろう。申し訳ないが、電話をもらったときは、誰とも話す気持ちになれなかった。折り返し電話をかけてみる。

「もしもし……コウさん？」

「ああ、マサユキ。折り返しありがとう。大丈夫なの？」

「まあ、なんとかね。こちらこそ、電話くれてありがとう」

「どうなの？　体調は？」

「うん。まあ、ちょっとしんどいかな」

「そうか……。オレにできることがあったらなんでも言ってね」

「ありがとう。ねえ、コウさん」

「何？」

「うつ病に神社って効くかな？」

「ああ、いいと思うよ。やっぱり気分が落ち着くからね」

「そっか、やっぱそうだよね」

「行ってみたらいいよ。今までそんな時間も取れなかっただろう？」

「うん、そうだね」

「もし、行けるなら京都とか、奈良とかちょっと遠い場所に足を伸ばすのもいいんじゃない？」

「そうか……でもお金がなあ……」

「まあ、そうだよね。先行き不安だよね」

「うん」

「でも、もし行きたいと感じるのであれば、体調を回復させる意味でも、今まで頑張ってきた自分に対するご褒美《ほうび》の意味でも、旅行するのはいいと思うけどね」

「そうだよなあ。じゃあ、ちょっと遠出してみようかな。家にいても太るだけだし」

「うん、オススメするよ」

「ねえ、コウさん」

「うん？」

「今までコウさんが行った中で一番良かった神社ってどこ？」

「うーーん……そうだなあ……」

「まあ、コウさんは神社たくさん行きまくってるもんね」

「あのさあ、マサユキ」

「何？」

「神社じゃなくてもいい？」

「え？　どういうこと？」

「マサユキが今行こうとしているところって、要はパワースポットってことじゃない？」

「そうだね」

「僕が今までで一番良かったと思うスポットは実は神社じゃなくてお寺なんだ」

「え、そうなの？　古事記大好きのコウさんがまさかお寺が一番良かったなんて。それは相当すごいところなんだろうね」

「うん、そうなんだ。実は一番はお寺なんだ」

「それってどこなの？」

「和歌山県にある高野山」

「高野山？　歴史の教科書に載ってたな……確かあれは……」

「真言宗。空海が開いた仏教だよ」

「ああ、そうだそうだ、真言宗」

「高野山には奥之院という場所がある。あそこはちょっと別格にヤバイ」

「へえ～どんなふうにヤバイの？」

「言葉にはできないね。もうとにかくヤバイ」

「そうなんだ。コウさんがそこまで言うなら、ちょっと興味があるな。行ってみようかな」

「うん、ぜひ、行ってみてほしい。あ……でも、うつ病の中、行くのはちょっと刺激が強すぎるかもしれない。でも、まあ……大丈夫だろう……。とにかく行けるのであれば行ったほうがいい」

「わかった。ありがとう。じゃあまた連絡するね」

「うん、ありがとう」


電話を切ると、パソコンで「高野山　奥之院」と調べる。表示された画像を見ると、手前側に大きな橋が架《か》かり、左右にはエメラルドグリーンに苔《こけ》むした大きな杉の木がいくつも生《は》え並んでいる。向かって左側に僧侶《そうりょ》の銅像が立っている。空海の像だろうか？　そして、橋を渡った向こう側に30段程度の階段があり、その階段のさらに向こう側に大きなお堂が写っていた。

僕は写真を見ながら、なぜか全身の力が抜けるような感覚に陥っていた。ほっとするような、どこか懐かしいようような。気がつくと10分ほどパソコンに映っている画像を眺めていた。

「ここ、行きたい」

なぜ、そう思ったのか自分でもよくわからなかった。無性に行かなくてはいけないような気がしたのだ。

パソコンを閉じ、リビングに向かうと僕は妻に一人旅の相談をした。病気のリハビリのために一人旅をしたい。目的地は和歌山県にある高野山。この場所はコウさんのオススメの場所で、とても素晴らしいところらしい。お金の心配はあるけれど、今まで頑張ってきたぶん、少しだけわがままを言わせてほしい。

妻は何も言わずに承諾してくれた。コウさんとは家族ぐるみでつき合っていたので、コウさんが言うなら、と妻も理解しやすかったようだ。僕がこんなふうになってしまうまで仕事をさせてしまったことに対する負い目もあるのかもしれない。表面上は平気な顔をしているが、内心は不安でいっぱいだろう。一家の主として本当に申し訳ないと思っている。

一方で、まだ見ぬ遠い場所に行くことに少しワクワクしている自分もいた。会社では出張はほとんどなく、基本的にオフィスでのデスクワークが主だったので、遠距離の移動なんてまったく機会がなかった。そもそも休みの日も仕事に追われ、行きたい場所に行く時間もなかった。それが今は、たくさんの時間があって、行きたい場所に行ける。病気になったけど、身体中に巻き付いた鎖が少しほどけて、ちょっとだけ身動きがとりやすい身体になった気がした。

新幹線に乗り込むと自分の席を探した。のぞみ7号14号車11番A席。ここが僕の座席だ。降車駅は新大阪。約2時間半の長旅だ。手荷物を荷物棚に上げると、僕は座席に腰かけた。

初めての新幹線で僕はとても緊張していた。

座席の背もたれを後ろに倒したいのだが、この場合、後ろの人に声をかけたほうがいいのだろうか？　それとも、だいたいの人が背もたれを後ろに倒すだろうから、ここはあえての声かけは無用なのかもしれない。いや、やはり、声をかけるのはエチケットとして必要なのだろうか？

どっちなんだろう？　後ろの人に聞いてみようか？　いやいやいや、だったら、素直に声をかければいいじゃないか。

「すみません……うし……ろに……たぉ……」

しまった！　極度の緊張のあまり、ものすごく小さい声で話しかけてしまった。後ろに座っている上品なご婦人はまったく気がついていないぞ。いくら生まれて初めてだからって、たかが新幹線に乗るだけで何をこんなに浮足立ってるんだ、僕は。こんなのただの速く走る鉄の塊《かたまり》じゃないか。落ち着け、落ち着け、マサユキ。

「う……後ろに倒していいですがぁぁぁっ！」

ああ！　なんか今度は無用にでかい声になってしまったぞ。怒っているみたいになってしまった。ああ、でもご婦人はとてもさわやかな笑顔で承諾してくれた。すみません、ごめんなさい。何やってんだ、僕は。

ふーーーう。まあ、ひとまず座れたからよしとしよう。

実を言うと、僕は新幹線に乗ったら、絶対に見ると決めていたものがあった。富士山だ。新幹線の窓側の席から、窓越しに大きな富士山を眺《なが》め、優雅に一人旅気分を味わうことが夢だった。ムーミンに出てくるスナフキンの気分。一人旅するオトコの気分。富士山を見ながら悦《えつ》に入る。これぞ男のロマンだ。

聞く人が聞けば、ちっぽけな楽しみかもしれないけど、僕にとっては大きな夢だった。

今日はその夢がかなう日なのだ。

僕の心は新幹線が出発する前から富士山でいっぱいだ。心躍《おど》らせながら、出発ベルを聞く。

さあ、出発だ！

そして、もう一つの夢。それは新幹線の中で駅弁を食べること。新幹線が出発すると、僕はさっそく先ほど売店で購入した「柿の葉寿司」をほおばった。ふむふむ、美味しい。そして、夢がかなってうれしい。

気がつくと、次の品川駅に着く前に、柿の葉寿司をすべて平らげてしまった。弁当の容器はすでに空だ。おっと、思いのほか、おなかいっぱいだ。ふう。

それにしても、昨日は眠れなかった。まるで、遠足の前の日の子どものようだ。それだけ、僕にとってこの旅は楽しみだということだろう。何せ生まれて初めての一人旅だ。

満腹感とワクワク感に身を任せながら、倒した座席に身を預けていると、僕の中で何かが変化を始めた。

だんだんと意識が遠のいていく。満腹感が僕の全身に睡魔をもたらすのを感じる。細胞という細胞に、「眠気」が浸透していく……。

「次は……」

ぼんやりした意識の向こうに、車掌の声がかすかに聞こえる。

「次は……新大阪に停車いたします。どなたさまも……」

「ええっ⁉」

僕は飛び起きた。

新大阪に着いちゃうの⁉

しまったぁあああああ！

富士山、寝過ごしたぁあああ！

見てない！　見てなぃいいい！

すみませーん！　この新幹線バックしないんですかぁ？

しないよなあ～。するわけないよなあ～。

あーーあ、残念。


うなだれながら新大阪駅で新幹線を降りると、僕は足取り重くとぼとぼとレンタカーショップに向かった。ここからは車での移動となる。

軽自動車を借りると、カーナビを「高野山奥之院」にセットし車を走らせる。乗りなれない車で知らない道を走るのは緊張を要する。ただ、走り出すと徐々に車にも道にも慣れてきた。新幹線で眠ったのがよかったらしい。富士山は見られなかったが、体力的には正しい選択だったようだ。

高野山までの道のりは2時間半程度だった。思っていたより早く目的地に着いた。参拝口前の駐車場に車を止めると、僕は奥之院へと歩き出した。

11月中旬にしては日差しが暖かい。白い石畳の参道。左右には墓石。面白いことに〝しろあり〟の墓や〝ロケット〟型をした墓などがあった。ちょうど紅葉シーズンで、紅葉が燃えるように赤い。ここまで見事な紅葉が見られるにもかかわらず、**不思議なことに参拝客は僕を除いてほとんどいなかった。**なぜだろう? 観光のピーク時なのに。

この場所は、もともと山だった場所を切り開いたのだと思われる。寺院の中を歩いているというより、森の中を歩いているという感覚のほうが近い。樹齢百年は優に超えると想像される巨木の中を、縫《ぬ》うように建てられた不思議な形の石碑群を横目に、僕は奥之院を目指し歩いていく。

社務所が見えてきた。どうやらこの奥が奥之院らしい。たくさんの仏像が並んでいる。参拝に来ていた老夫婦が水をかけている。仏像に水をかけると運がよくなるとか、そういうことなのだろうか？

仏像に軽く手を合わせ、前を通りすぎる。いよいよ、写真で見たあの橋の前に来た。写真と実物ではまったく異なる。迫力も、受ける印象も別物のように見えた。涙がぐっとこみあげる。**写真を見たときの何倍も涙がこみあげてきて、零《こぼ》れ落ちた。**

なぜ泣くのだろう。わからない。でも悲しくて泣いているわけでもなく、うれしくて泣いているわけでもない。身体の中心にある「何か」が反応をしている。とても不思議な気持ちだ。

お香の匂いが立ち込める。お堂の奥では参拝客が般若心経《はんにゃしんぎょう》を唱えている。天井にはたくさんの灯籠《とうろう》が所狭しとかけられている。灯籠の底の部分が花びらのような形状をしているのを見て、心と身体が少し緩んだ。それまでどちらも硬直していたのだ。何を緊張しているのか。

お堂の中はとても薄暗い。目を凝らすと、大きな賽銭《さいせん》箱があった。賽銭を入れて僕は手を合わせた。神頼み、いや仏頼みか。正直、あまり好きではない。ただ、今はそんなことにこだわっている場合ではない。

「僕は千葉県から来ましたマサユキと言います。僕は病気を治したい！　そして、治ったら好きなことを仕事にしたいんです！　僕は人生をやり直したいんだ！　神さま、仏さまお願いします！」

気がつくと、合わせた手がびっしょりと汗ばんでいた。

自分でも驚くほど、必死に祈っていた。

目を開けてお堂の奥に目を凝らす。お坊さんの大きな肖像画がいくつか並んでいた。おそらく空海とその弟子の肖像画なのだろう。しばらくその絵を眺めていると、ふっと視界の端に**白い煙のようなものが見えた**。

線香の煙かと思ったら違う。その煙は長い連なりを持っていた。来たときはまったく気がつかなかったが、お堂の中を占拠するように、その煙は立ち込めていたのだ。

いや、これは……

煙ではない。

何かの生き物か？

身体には魚のうろこのようなものがある。

なんだこれは？

そして、その白く薄い〝もや〟のような物体の出発点を探そうと、徐々にその物体の先端に視線を動かした。


そこには巨大な「顔」があった。

そして、その「顔」にはひげがあった。

ひげは長く、口元から身体の半分くらいまで伸びてゆらゆらと動いている。

頭部には角もあった。

２本の角は長く、お堂の天井に届くほどだった。

これは……

「龍」だ。

お堂の中に大きな「龍」が横たわっている。

金色？　いや琥珀《こはく》色か？

白く透明な身体にわずかに色がついている。

僕はしばし茫然《ぼうぜん》と、その「龍」を見ていた。

「龍」はこちらには気がついていない。

なぜ、僕に「龍」が見えているのか？

という疑問は一瞬、頭に現れるが、一瞬にして消える。

「龍」の美しさに見とれていると、なぜ見えるのか、など、どうでもいいことのように思えてきた。

僕は「龍」を見ていた。

ずっとずっと見ていた。

しだいに、頭がぼうぅっとなってくる。

軽い催眠にかかっているような感覚。
至福感、幸福感。
心臓のあたりがぐるぐるする。
頭もぐるぐるしている。
身体がなぜかゆっくりと揺れている。
再びやってくる至福感。
気がつくと呼吸を忘れていた。
息を大きく吸う。そして、吐く。
すると「龍」は、蜃気楼《しんきろう》が海に溶けるように、静かに消えていった。

見間違いではなかった。
確かに「龍」だった。
「龍」を肉眼で見た。
その事実に、僕はしばらく放心状態になった。

なぜ僕に「龍」が見えたのか？

いや、なぜ「龍」が見えてしまったのだろう？

うつ病のせいで幻覚を見たのだろうか？

いや、そうじゃない。

確かに、あれは「龍」だった。

脳が激しいパニックを起こしている。ただ、間もなく日が暮れるので、ひとまず宿に向かうことにする。予約していたビジネスホテルにチェックインすると、和室の部屋に通された。荷物を置いて、そのまま僕は畳の上に大の字に寝ころがった。

「本当にあれは何だったんだろう？」

天井にはいくつものシミがある。長年にわたってついてきたであろう、そのシミの数を数えながら、僕は先ほど見た「龍」に思いを巡らす。

ふと、子どものころにテレビで見ていた、「まんが日本昔ばなし」というアニメ番組を思い出した。そのオープニングで、子どもが龍に乗っているアニメが流れた。僕は、その長くて緑色の空飛ぶ「龍」を見るのが好きだった。

こんなことも思い出した。僕は申年《さるどし》だが、辰年《たつどし》の友だちにあこがれていた。猿より龍のほうが絶対カッコいい。干支《えと》を変えることはできないということを知ったとき、少しだけ両親を恨んだ。

ちょっと悪ガキの先輩が「龍」と書いてある財布を持っていて、すごくうらやましく思った。同じものが欲しいと思ったのだが、僕のお小遣いでは手が出なかった。代わりに、「龍」と大きくプリントされたナイロン製のナップザックを買った。遠足にそれを背負って歩き、一人満足したのを覚えている。

ああ、どうして僕は生まれて初めて生の「龍」をこの目で見たというのに、どうでもいいことばかり思い出してしまうのだろう？

そんなことを考えているうちに、長旅の疲れが出たのか、僕は畳の上に大の字で眠り込んでしまった。

⛩

夢を見ているとき、「夢を見ている」という自覚がないのがふつうだ。

目が覚めて初めて、今まで見ていたものが現実ではなく、夢だったと気がつく。だが、ごくごくたまに「これは夢だ」とわかりながら夢を見ているときがある。夢の中にいることを自覚しながら夢を見ているのだ。今の僕はそんな状況にある。

夢の中で、僕は高野山奥之院のお堂の中に立っていた。

目の前には先ほど見た龍がいる。

その龍はゆらゆらと揺れている。

何とも気持ちがよさそうだ。

龍に見とれていると、龍はこちらに向かってゆっくりと向きを変える。


目が合った。

今僕は龍と目が合っている。

切れ長で赤い龍の目。

一見恐ろしいが、その眼差《まなざ》しは優しかった。


龍がゆっくりと口をあける。

何か話したそうだ。

「マ……」

「ん？」

「マ……サ……ユ……キ……」

「!?」

僕は驚きのあまり、目玉が飛び出そうになった。

龍が僕の名前を呼んだのだ。


僕は固唾《かたず》をのんだ。

するとその瞬間！

龍の色がみるみるうちに変わり始めた。

瞬きする間もないくらいの速さでくるくると色が変わっていく。

白、オレンジ、ピンク、紫、茶……

まるでプロジェクション・マッピングのようにどんどん変化する。

そうかと思えば、今度は突如として、巨大な龍の身体が徐々に小さくなり始めた。

お堂いっぱいだった龍の身体は、まるでドラえもんのひみつ道具「スモールライト」を浴びたかの如く、僕が少し見上げるくらいの大きさにまで縮小した。


何が起こっているのか？

まるでわからない。

だが、夢の中だという認識はあったので、僕は慌てることなく龍の変容をただただ見つめていた。

「マサユキ」

龍は、今度ははっきりと僕の名前を呼んだ。身体がだいぶ小さくなり、色も琥珀色になった。よく見ると、顔も変化していた。あごひげを蓄え、目もとはにこやかだが、深いしわが刻まれている。頭部の毛は薄いグレーで、その表情はまるで紳士だった。

「マサユキ、やっと会えたね」

龍は僕の名前を呼んだ。

そして、僕が理解できる言語で話し始めた。

「なぜ……僕の名前を……？」

「君は昨日、高野山奥之院で名前を名乗っただろう。それを聞いていた」

僕はきょとんとした。

「君はそのとき、高野山の龍の前で人生をやり直したいと願っただろう。その思いが天に伝わったのだ。そして、私が遣わされた」

「天から……？」

「私は天界にある『龍の国』からやってきた。われわれ龍には複数の種類がある。私は君が奥之院で見た龍とは違う龍だ。私はいわば人間の教育係だ。人間にとても近い場所まで来ることができる。まあ、夢の中限定だがな」

「教育係……？」

「もし、君が望めば、私はこれからも君の夢の中にこうして出てくることができる。そして、君の人生を立て直すための教えを伝えることができる。それに対して、君はどう思うかな？」

龍が夢の中で僕の人生を導いてくれる。そう夢の中の龍は言っている。そんなことがありえるのか？　僕は半信半疑ながらも、龍の質問に答えた。

「ちょっとまだ何が起こっているのか理解できません。ただ、僕は今完全に人生を迷っています。もし、お力を貸していただけるのであればぜひお願いします」

「そうか、それはよかった。私も君の力になりたいと思っているんだ」

でも、なんでこの龍は日本語をしゃべっているのだ？　いや、そもそも龍が人間の言葉を使うなんて聞いたことがない。

「あの……」

「何かな？」

「龍なのに、なぜ人間と会話ができるんですか？　龍ってその、話すイメージがないというか。かなり違和感があるのですが……」

「龍は神の一種だ。そして神は全知全能だ。全知全能ということは、何をするのも可能であるということだ。一瞬にして大雨を降らすこともできれば、その次の瞬間に、雲一つない快晴にすることもできる。もちろん、君の人生を大きく変えることだってできるのだ。明日君を億万長者に変えることだってね」

「できるのであれば、そうしてもらえればと……」

「だが、それはやらない。できるけどやらないのだ。君たち人間の成長を妨《さまた》げてしまうことになるからね。**君は、さまざまな感情を味わい、体験をするために、この地**

球に生まれてきた。その『魂の目的』を阻害するようなことはしないのだよ」

「そうなんですね」

「また全知全能であるがゆえに、天気を変えることもできれば、君たち人間の生活レベルに即した情報も知っている。たとえば君がひいきにしている野球チームは千葉ロッテマリマリズで、今年の成績は5位と残念な結果に終わった。君は今シーズン相当イラだっていたことも知っている」

「いやあ！　そうなんですよ！　今年のポッテはピッチャーが全然ダメだったんですよ！」

「まだ監督が2年目だからな。来年に期待しよう」

「そうなんですよ！　来年！　来年こそは……って、龍さん本当になんでも知ってるんですね！」

「そうだ。つまりは、君の人生をガイドするなんてことはお手の物ということさ」

僕は龍の存在をぐっと身近に感じた。それまで畏《おそ》れの気持ちから龍の目をまともに見ることができなかったが、やっと直視できるようになった。

「よくわかりました。あの……それと……」

僕は一番聞きたかったことを聞いてみた。

「何とお呼びしたらいいですか？」

「私の名は『琥珀龍』という。コハクと呼んでほしい」

「コハクさん？　ああ、琥珀色だからコハクさんなんですね」

「ああ、そうだ」

「で、コハクさんは僕に何を教えてくれるのでしょうか？」

「君にはスピリチュアルな知恵を授ける」

「ス……スピリチュアル……ですか？」

「そうだ。スピリチュアルな知恵とは、神さまや龍神のチカラを使うための知恵ということだ。これを『龍の知恵』という。私は君に『龍の知恵』を授けるために天から遣わされた」

「あの……龍であるコハクさんに対してこんなことを言うのは、自分でもどうかと思うのですが……」

「何かね？」

「僕はスピリチュアルというのが……何というか、ちょっと苦手でして……」

「君の世界では多くの人がそう言うね。なぜ苦手なのかね」

「うーん、そうですね……。つまり、その……宗教っぽいというか……」

「なるほどね、君は宗教が嫌いなのか」

「嫌いというより、あまりいいイメージがないんです」

「でも、君はお墓参りをするね。あれは仏教の習わしではないのかね。クリスマスイブにケーキを食べるだろう。あれはキリスト教だし、お正月には初詣に行くだろう。それは神道。たくさんの宗教に囲まれているじゃないか。私から見たら、君は宗教にどっぷり浸かっているように見えるがね」

「うーん、それとこれとはまた別な気がしますが……」

「君が嫌いなのは宗教というより、宗教のイメージの中にある『排他的』だったり『妄信的』だったりする要素ではないのかな？」

「そうです、そうです。自分が信仰する宗教以外の教祖や経典以外は目に入らなかったり、考え方を受け入れないようなイメージがあって……。正直、とても怖いです」

「素直な感想だね。**でも、それだったら、君が働いている会社のほうがよっぽど宗教**

的じゃないかな？」

「へ？」

「利益のためなら従業員が病気になってもかまわない。売上獲得のためならどんな手も使う。君の会社のあり方は、まさに排他的で妄信的だと思うが」

「確かにそうですね」

「君は朝出勤して『朝礼』という『ミサ』を行ない、『唱和《しょうわ》』という『経典』を読み上げる。『社長』という『神』を崇《あが》め奉《たてまつ》り、『残業』という『お布施』をする。この宗教にハマると、なかなか抜け出せない。『退職』という名の『脱会』をしようとすると『辞めてどうするんだ』『ここで通用しないヤツは他でも同じだぞ』などと『説法』され、なかなか『脱会』させてもらえない。そんなところかな？」

「わあ！　まさにそのまんまです！　うちの会社、宗教だったんだ！」

「そうだろう？」

「このまま退会してしまおうかな？　なんて……」

「それは君が決めることだ。**ただ、私がこれから教えることを実践すれば、会社に頼らずとも生きていける**」

「本当ですか？」

「君は今まで自分の力だけで生きてきた。これを『自力』という。でもね、人生を変えていく力は『自力』だけではないんだよ。『見えない世界』の大きな力が君の周りにはたくさんたくさん流れていて、そのチカラを使って夢をかなえることも可能なんだ。これを『他力』という。スピリチュアルな知恵というのは、この『他力』の使い方だ。**いかに、神さまや龍神のチカラを使って、自分の人生を望み通りに動かしていくか。**この『他力』というのを『龍の背中に乗る』と表現する人もいるね。これは巧みな比喩で、まさに『龍の背中に乗る』かのごとく、『他力』を使うと人生がパワフルに展開するのだよ」

「そうなんですね。スピリチュアルって、霊能者にだまされたり、壺を売りつけられたりすることだと思っていました」

「それは大きな誤解だよ」

「誤解が解けてよかったです」

「今まで君は『自力』だけを使って生きてきた。でも、その限界が来てしまった。**『自力』だけだと、どこまでも自分でやるしかない。だから、病気にでもならない限**

り、手を緩めないのだ。君がうつ病になったのは、『他力』を使って生きるうえでのいわば強制的な軌道修正のためなんだよ。つまり、**うつ病は君が本当の人生を生きるための招待状だったんだ**」

「うつ病が本当の人生を生きるための招待状ですか。そんなふうにポジティブに捉えたことはありませんでした。確かに病気になったことをきっかけに、自分ではどうすることもできないと考え始め、神さまや仏さまに頼ってみようという気になりました」

「そうだろう。その願いが天に届いたんだ」

「ありがとうございます」

「では、私はここでいったん退場する。君さえよければ、また今日の夜に現れる。『龍の知恵』のレッスンを始めるとしよう」

「わかりました。どうぞ、よろしくお願いします」

「では、また夢で会うとしよう」

「はい、また夢で会いましょう」

目を覚ますと、コハクさんの姿はなかった。けれども、コハクさんとの会話はすべてはっきりと覚えていた。

こんなことが起こるのだろうか？　高野山で龍を見た。その後すぐに夢にコハクさんが現れて、僕の人生をサポートするよと言っている。今起こっている不思議なことを心の中で整理するには、少し時間がかかりそうだ。

夢うつつのまま、僕は身体を起こし、顔を洗おうと洗面台に向かう。畳の上で寝てしまったせいか身体が痛い。顔を洗いながら考える。今日眠りについたら、またコハクさんは夢に出てくるのだろうか？　よくしゃべるし、本当に人間みたいな龍さんだ。しゃべり方が、どこか10年前に亡くなった祖父に似ていた。

でも、本当に「龍の知恵」というものを教えてもらって、会社を辞めることができるのであれば、僕にとってこれ以上喜ばしいことはない。元をたどれば神さま、仏さまにお願いしたのは僕のほうだ。

だから、そういう存在が力を貸してくれると言ってくれているのだから、これは願ったりかなったりじゃないか！　ちょっと不思議な世界に迷い込んでしまってる感は否めないけど、後でいろいろわかってくるだろう。

いっちょ、龍さんの懐《ふところ》に飛び込んでみようじゃないか！

第3章

京都・大原・シンクロニシティ

龍の知恵1「ポンコツであれ」

「さあ、さっそくレッスンに入ろう」

眠りにつくと、コハクさんが現れた。


「はい、よろしくお願いします！」

「その前に私と約束を3つしてほしい」

「はい！　なんでもやります！」

「まず、一つ目。**今から教える秘訣を君の人生で必ず実行すること。**聞いただけでやらないのであれば、教える意味はない。必ず『やる』と約束してくれるかね？」

「はい！　必ずやります！」

「そうか、それは頼もしい。ぜひよろしくお願いしますよ。では二つ目。**あきらめないこと。『龍の知恵』は『知識』より『体感』することが最も重要だ。**最初はわからなくても何度も何度もくり返してやってみて、体感できるようになる必要がある。知識が自分のものになるまであきらめずにやってくれるかな？」

「はい！　絶対にやります！」

「おお、これまた頼もしい返事だ。それでは最後の約束。**私が君に『龍の知恵』をお伝えしたら、君が他の人にこの教えを伝えてほしい。**君が『龍の知恵』を伝えるんだ。君はたくさんの人に愛される素質を持っている。君が常に謙虚《けんきょ》で誠実であれば、きっとたくさんの人が君の話に耳を傾けるだろう。君はそれを約束できるかね」

「はい……僕にできるかどうか……。でも、なんだか、とてもやってみたい気持ちになります。ぜひ、やらせてください！」

　気づくと目に涙が浮かんでいた。

　ずっと出会いたかったことに出会えたような、そんな気がして、僕の心は震えていた。

「ありがとう。君のように素直で好奇心のある青年に出会えて、私はうれしいよ。では、君にたくさんの知恵を授けることにしよう。まず、最初の知恵だ」

「はい！　よろしくお願いします！」

「スピリチュアルというのは『目に見えない世界』のことだ。大半の人がこの『目に見えない世界』を信じていない。なぜだかわかるかね？」

「さあ……」

「それは『忙しい』からだ。**人間はやるべきことがたくさんあると、自分の目の前のことでいっぱいになる。すると、目に見えるものしか信じられなくなる**」

「なるほど、確かに僕も最近は初詣にすら行かなかったですね」

「反対にやるべきことが少ない子どもにとって、『目に見えない世界』はいつもそばにある。たとえば、君の身の回りには赤ちゃんがいるかな？」

「弟家族につい最近、子どもが生まれました」

「君は赤ちゃんが宙を眺めているのを見たことはないかね？」

「そういえば、僕がその子を抱っこしたら、僕の頭の上をずっとぼーーーっと見ていました」

「頭の上は見えない存在が現れる場所なんだ。『龍』や『天使』もそこに現れる。だから、弟さんのお子さんは君を護っている『龍』を見ていたのかもしれないね」

「本当ですか？　ちょっとにわかには信じられませんね」

「まあ、今は信じなくてもいいよ。それと確か、君には息子さんがいたね」

「はい、います」

「息子さんがちょっと不思議なことを話したりしたことはないかね？」

「あ！　そういえば、先日祖父の十三回忌があったのですが、仏壇の近くに僕が座っていたら『パパのそばをピンクの球がくるくる回ってる！』って叫んでいました。いったい、何のことかさっぱりでしたけど……」

「息子さんはきっと君のおじいさんの霊体を見たんだろうね」

「霊体！　うちの息子にそんな才能が⁉」

「もちろん、君の息子さんには才能があると思うよ。でも、君の息子さんだけではなくて、**子どもには誰でも『見えない世界』を見たり感じたりする能力があるんだ**」

「はあ……そうなんですね」

「もちろん、君も子どものころにはその能力はあったんだよ」

「え？　僕にもですか？　本当かなあ……？」

「本当だとも。『見えない世界』と触れ合うためには、何か新しい技術を身につける必要はない。もともとあった能力を思い出せばいいんだ」

「うーん。でも、思い出せと言われても、どう思い出していいかがわからない……」

「君は子どものころ、どんな子どもだった？」

「そうですね、すごくだらしない子どもだったように思います」

「うんうん」

「忘れ物をしたり、遅刻をしたり……。『ちゃんとしなさい』とか『しっかりしなさい』って先生によく怒られました。ポンコツ丸出しの子どもでしたね」

「君だけじゃない。子どもはみんなちゃんとしていないし、しっかりしていないよ。『ちゃんとする』『しっかりする』というのは、大人が子どもに教え込むものだからね」

「そっかあ。ポンコツ丸出しの子どもだったのは僕だけじゃないんですね」

「逆に大人に教え込まれたようにちゃんとして、しっかりしてしまうと、『見えない世界』は認識しづらいんだ」

「なるほど」

「さっき、君は『見えない世界』に触れる能力の思い出し方がわからないと言ったね」

「はい、言いました」

「そのためにはズバリ、**君は子どものときのような『ポンコツ丸出し』でいるべきなんだ**」

「え!?　ポンコツ丸出し？」

「そうだ。ちょっと間抜けなくらいのポンコツでいることが、『見えない世界』の感覚を開くうえではとても大切なことなんだよ」

「ええー！　『龍の知恵』なんていうから、なんだか高尚なことを教えてもらえると思ったのに。拍子抜けだなあ……」

「拍子抜けすることはいいことだ。今の君は素直で学ぶ意欲が高いけれども、ちょっと肩に力が入りすぎている。今のままでは、私が教える知恵も頭で考えすぎてしまうだろう」

「あ、見抜かれてましたか……」

「『龍の知恵』は頭ではなく、心で感じるものなんだ。だから、これからの学びをより良いものにするためにも、もっと力を抜いて、リラックスして隙《すき》だらけのゆるゆる

のポンコツでいなさい」

『『ちゃんとしなさい』』って言われたことはたくさんあるけど、『ポンコツでいなさい』って言われたのは初めてです」

「力を抜いてリラックスしてありのままの自分でいること。それが『龍の知恵』の第一ステップだ」

「なんだか、ポンコツでもいいなんて言われると安心します」

「君はもっと安心しなさい。**不安なものを見ると、君の見るものは不安なものになる。安心するものを見ると、君の見るものは安心なものになる。心穏やかに安心することだ**」

「はい、わかりました」

「その安心した君の心のスペースに、『龍神』がやってくると思いなさい。君の心が狭いものだと、『見えない世界』は立ち現れることができないのだよ」

「龍の知恵」の最初が「ポンコツであれ」というのは、正直びっくりしたけど、コハクさんのお話を聞いて僕はとても納得した。

それにしても、今まで会社で教えられたこととは真逆だ。ポンコツでも大丈夫。むしろ、ポンコツのほうがいいんだなあ。

龍の知恵２「キョロキョロする」

「さあ、次の『龍の知恵』を伝えるとしよう。君は『シンクロニシティ』という言葉を知っているかな？」

「うーん、聞いたことはありますけどよくわからないですね」

「『シンクロニシティ』とは『意味のある偶然の一致』という意味だ。ちょっと信じられないような偶然や、タイミングが良すぎる出来事のことを指すんだよ」

「なるほど」

「『シンクロニシティ』は、龍神からのサインなんだ。たとえば、君が何かやりたいことがあったときに『シンクロニシティ』が起こると、それは龍神からのゴーサイン。君のやりたいことは実現するよ、という龍神からの応援のメッセージなんだよ」

「そうなんですね。あんまり身近に起こらないからよくわからないですね」

「君は『マトリックス』という映画を見たことがあるかな？」

「見たことあります。コハクさんは本当になんでも知っていますね」

「まあね。『マトリックス』の冒頭のシーンに、『シンクロニシティ』のとてもわかりやすい例が出てくる」

「へえ、そうなんですね」

「主人公が見ているパソコンに、なぜか『白ウサギを追え』という文字が映り込む。その後すぐ、主人公の自宅に友人が訪れる。その友人の腕に入ったタトゥーが『白ウサギ』のタトゥーだったんだ」

「おお〜偶然ですね」

「こんなことはめったにあることじゃないね。この奇妙な一致を『シンクロニシティ』と呼ぶ。そして、主人公はこの後、友人たちに連れられて一緒に外出する。文字通り『白ウサギの後を追った』んだ。これがきっかけとなり物語が展開していく」

「なるほど」

「主人公はこの『シンクロニシティ』に導かれるままに行動することで、人生が激変したんだよ」

「うーん、言ってることはわかるけど、それって映画の話じゃないんですか？　現実世界とは違いますよね？」

「君はわかっていないな。**君たちの世界における映画は、『見えない世界』とつながっている人間が作っているケースが多い。大ヒットする映画は必ずと言っていいほど『見えない世界』の真実が組み込まれているのだよ。君が『見えない世界』を理解したいのであれば、より多くのヒット作を見るといいよ**」

「なるほど、そうなんですね」

「だから『シンクロニシティ』の話は映画だけの話ではないんだ。現実世界でも同じことが言える。『シンクロニシティ』に導かれることで、自分の人生が切り開かれていくんだよ」

「なるほど……。でも僕には『シンクロニシティ』が起こらないんですけど……」

「それは君がぼーーーっとしてるからだね」

「わぁ！　手厳しい！」

「ごめんごめん、でも本当にそうなんだ。龍神はいつでも人間に手を差し伸べている。

いつでも君たちを幸せに導こうとしているんだ。龍神は君たちに愛をたくさん降り注いでいる。四六時中365日休むことなくね。でも、龍神は基本的に言葉が使えない。だから『現象』として君たちにサインを送っている。つまり、**それが『シンクロニシティ』だ。『シンクロニシティ』は君の周りにもたくさん起きている。だが、残念なことに君たちはほとんど気がつかない。龍神はたくさんサインを出しているのに、君たちはほとんどキャッチをしないんだ**」

「そうなんだ……」

「うん、だから、まずは君の目の前にある、小さな小さな『シンクロニシティ』をキャッチすることから始めないといけないんだよ」

「それは具体的にどうすればいいのですか？」

「とっても簡単なのは『車のナンバー』を見ることだ」

「え？　車のナンバー⁇」

「そうだ。車のナンバーを見て、そのナンバーが『ゾロ目』だったら『自分はとても運がいい』と思うことだ」

「はあ……」

「**特に『44』と『8』は龍神の数字だ。**近くに龍神が来ていることを示している。『44』や『8』を見つけたら『龍さん、ありがとう！』って心の中で感謝をするといい」

「うーーーん……」

「どうした？」

「なんだか……」

「うん」

「正直に言っていいですか？」

「どうぞ」

「ちょっとバカっぽいっていうか……」

「うん。そうだ。君は実に素直だ。素晴らしい。**そして、ここに一つの真実がある。バカっぽい、子どもっぽいという理由で、君たちの大半は『見えない世界』とつながることに必要なことをやろうとしないのだよ。**だから、みんなわからないのさ。最初に言ったことを思い出してほしい。『見えない世界』とつながるにはどうしたらよかったかな？」

「ポンコツになれ……」

「そうだ。ポンコツで、バカっぽくて、子どもじみていることをするのが本当に大事なんだよ」

「うーーん、まあ、わかりました」

「この夢から目が覚めたら、君はたくさんの『車のナンバー』を見て、ゾロ目探しをするようにしなさい。より具体的な行動に落とし込んで言えば『キョロキョロする』ことだ。たくさんキョロキョロして龍神からのサインに敏感になること。見逃さずにキャッチする訓練をすることだ」

「言ってることはわかったんですけど、でも、本当にそんなことで僕の人生は変わるのでしょうか？　車のナンバーで『44』を見たからといって今の状況が変わるとは思えなくて……」

「ここまで説明しているのにまだ疑うんだなあ……」

「すみません……」

「いや、謝らなくていい。今まで現実世界で死ぬ思いで生きてきたのだ。くだらないと捉えてしまうのもムリもない。いいだろう。せっかくだから、『見えない世界』からのサインについてもう少しくわしく説明しておこう」

そういうとコハクさんは１枚の紙を取り出した。

龍の知恵３「龍神スタンプカード」

「いいかい、今から図にして説明していくよ」

「夢の中とはいえ、龍さん、器用にペンを持つんですね。ちょっとかわいい」

「龍だってペンくらい持つさ。君はずいぶんと龍や神に高尚なイメージを持っていたようだね」

「まあ、一般的にはそうじゃないでしょうか」

「ここにも一つの真実がある。人間たちは『見えない世界』の存在を自分たちより上の存在だと思ってしまう。イメージとしては神棚の上の上のほうに上げてしまう感じだ。我々は君たちのすぐそばにいる。なのに、**君たちが我々をすごい存在に持ちあげてしまって、ムダに距離を作ってしまっているのだ。**だから、人間に我々は感知できないんだよ。我々はもっと身近な存在に捉えてもらってかまわない。そうだな、我々のことは『親戚のおじさん』くらいに捉えてもらってかまわない」

「親戚のおじさん！　そんなふうに捉えてしまっていいんですか？　バチが当たりそう……」

「あっはっはー！　バチなんか当てるもんか。我々は君たちを愛してるんだよ。もちろん、雑に扱われたり、あまりにも尊敬の気持ちがなかったりしたらちょっと考えるけど、身近に感じてもらうことで、君たちに不利益がこうむるようなことはしないよ」

「そうなんですね！　神さまや龍神さまってずっと上の上のほうにいるものと思っていました」

「現に私と君の関係がすでに友人のようじゃないか」

「え!?　コハクさん、僕のこと友だちだと思ってるの？」

「当たり前さ。素直で学びの深い素晴らしい友人だよ」

僕は心がぐっとなってしまって涙があふれてしまった。僕はコハクさんに気づかれないように、服の袖でそっと涙をぬぐった。

「さて、本題に入ろう。『龍神はキャッチボールがお好き』という話だ」

「またキャッチーなタイトルですね」

「まず、結論から言おう。**龍神は君に起こる出来事をだんだんと大きくしていく、ということを頭に入れなさい**」

「え？　どういうことですか？」

「先ほど、龍神は言葉が使えないから現象でサインを送るといったね。それが『シンクロニシティ』だと」

「はい、教えてもらいました」

「ただ、龍神は君たちが受け取ることのできる範囲でしか現象を起こさない」

「うーーん、まだよくわかりません」

「たとえば、龍神が起こす現象を『ボール』だと思ってほしい」

「はあ、ボール……」

「龍神は、最初は『ゾロ目』のような小さな小さな現象を起こす。それはボールにたとえると、『ピンポン玉』だ。龍神は最初君に『ピンポン玉』のような小さなボールを投げる」

「龍神さまは最初小さい出来事を起こすということでしょうか？」

「そうだ。そしてその現象を君がキャッチする」

「キャッチ？」

「キャッチというのは具体的に言うと、感謝することだ。『龍さん！　ありがとう！』ってね」

「へぇー。感謝することが、龍神さまのボールをキャッチすることになるんですか？」

「そうだ。そして、君が龍神の投げたボールをキャッチすると、龍神は『お！　この人間、私からのボールを受け取った！』と思って、今度は『ピンポン玉』よりも大きな『野球ボール』を投げる。つまり、もう少し大きな現象を起こすんだ」

「はあ……」

「つまり、龍神が起こす現象を君が感謝してキャッチすると、龍神は次はもう少しだけ大きな現象を起こす」

「ああ、だんだんわかってきました」

ワオ!
キャッチ!

「そして、君は再び龍神から投げられたボールを受け取る。少し大きくなった出来事に対して『龍さん、ありがとう！』と感謝をする」

「本当にキャッチボールみたいですね」

「すると龍神は『お！　またこの人間受け取った！』と思って、今度は『ドッジボール』サイズのボールを投げる。つまり、**もっともっと大きな出来事を起こす**ということだ」

「なるほど」

「**こうやって、龍神からのサインを受け取るにつれて、龍神が君を助ける規模が大きくなっていくんだ**」

「へえ〜そうなんですね」

「でも、このたとえで表しているように、ちゃんと『キャッチ』するというのがポイントなんだ。キャッチしないと、龍神はボールを大きくすることができない。君に準備ができていないボールは投げることができない」

「はい、わかります」

「『ドッジボール』を受け取ったら、その後は『大玉転がし』で使うような大きなボールが投げられる。このように龍神とのキャッチボールは、どんどんボールが大きくなる」

「コハクさん、一つ聞いてもいいですか？」

「どうぞ」

「だんだんと大きくなるってことはわかったのですが、その『大玉転がし』サイズの大きな出来事っていうのは具体的にどんなことなんでしょうか？」

「いい質問だね。たとえばサラリーマンであれば臨時収入が入った。会社の経営者であれば業績が上がった。恋人が欲しい人であれば運命的な出会いがあった、などだ」

「つまり、そういうラッキーなことが起こるということですね」

「ああそうだ。これが『他力』というものだよ」

「なるほど」

「ただ、多くの人が最初から大きな出来事を龍に求めてしまう」

「ああ、僕のことですね。あはは……」

「この『だんだん大きくなるシステム』を理解しておきなさい。誰でもまずは小さなボールから始めなくてはいけないのだよ」

「ほえ〜、意外と地道なんですね」

「そうだ。だから、ゾロ目をバカにしていては、『他力』は使いこなせないのだよ」

「はい、どうしてゾロ目から始めなくてはいけないかがよくわかりました」

「そして、もう一つ『龍の知恵』を使いこなすための心がまえを伝えておこう」

「なんですか？」

「『スタンプカード』だ」

「スタンプカード？」

「そう、名付けて『龍神スタンプカード』。**君は心の中に架空の『スタンプカード』を持っておくようにしなさい**」

「はあ……」

「そして、龍神からのサインが来たら、心の中のスタンプカードにスタンプを一つ押すようにする」

「へえ〜、なんだか楽しそう！」

「たとえば、君がゾロ目を見たら、『あ！　龍神さまからのサインだ！　ありがとう！』と言って、スタンプカードをイメージし、ポンッ！　と一つスタンプを押す。

バーン！
龍神スタンプカード

そして、また他のシンクロニシティが起こったら、スタンプカードにポンッ！　また起こったらポンッ！　こうやって、龍神からのサインやシンクロニシティをポンポン貯めていくんだ」

「なるほど」

「そして、ある程度スタンプが貯まったら、龍神は『景品』という名の『現象』を起こすだろう。この意識でいると、先ほどの『キャッチボール』が日常的にムリなく実行できるようになる」

「確かに！　スタンプを集めていると思えば楽しいですね」

「そう、**スタンプを『貯める』ことと、龍神からのボールをキャッチすることは同じことだ**。やるならより楽しいほうが忘れずに続けることができるだろう？」

「確かに」

「とにかく、コツコツと龍神スタンプを貯めてみるといい。きっと、面白いことが起こるだろう」

「わかりました。さっそくやってみます」

「さあ、今日はこれくらいにしよう。今日は3つの知恵を君に授けた。日常生活に活かして、実際に君が体感してほしい。知っているだけでは何にもならない。とにかく体感することだ。わかったかな？」

「わかりました」

「では、また夢で会うとしよう」

「コハクさん、明日も夢に出てきてくれるのですか？」

「いや、私が出てくるのは君の学びの進みぐあいしだいだ。毎日は出てこない。私が伝えた『龍の知恵』をある程度学んだと思ったら、また君の夢に出てくるだろう」

「わかりました。早くコハクさんに会えるように頑張ります」

「うん、くれぐれも必死にならないように。頑張りすぎるのは君の悪いクセだ。**ポンコツでいることだよ。リラックスしてテイクイットイージーだ**」

「あはは〜わかりました。ありがとうございます」

「じゃあ、今日はここまでにしよう」

「はい、わかりました」

「ではまた、夢で会うとしよう」

「はい、また夢で会いましょう」

大概の夢は起きるとすぐに忘れてしまうのだが、今日の夢はすべてのことをはっきりと覚えていた。とはいえ、時間が経つと記憶も薄れていくに違いない。僕は寝ぼけまなこのまま、カバンの中のペンとノートを探した。

しかし、ペンはあれど、ノートが見つからない。こんなときに限って！　記憶が消えそうで焦る。

仕方がないので財布を取り出し、昨日コンビニで購入したどら焼きとウーロン茶のレシートを引っ張り出す。レシートの裏側に、コハクさんから教えてもらった3つの知恵を書きなぐったのだった。

ただ、コハクさんの教えは本当なのだろうか？　うつ病が生み出す僕の妄想なのではないか？　という疑念が僕の心からぬぐい去れない。とはいえ、今の僕には何もない。会社にいたときは一定の社会的信用はあったけれど、今は「ただの人」だ。とりわけ特技も技術もない、会社のレールに無自覚に乗っていただけで、たいしたスキルも身につけてこなかった「ただの人」だ。

僕はこのまま本当に「ただの人」で終わってしまうのか。それとも、幻想かもしれないけど、コハクさんの言うことを信じてみるか。

どちらにするかは、おのずと決まっていた。腹は据わった。よし、今日から「ポンコツ」になって「キョロキョロ」して「龍神スタンプカード」を貯めるぞ！

身支度を整え、ホテルに宿泊費を支払い、レンタカーに乗り込む。ひとまず、レンタカーを返却するために新大阪に戻ることにし、車に乗って走り出した。

走り出して間もなくすると、僕のポケットにあるべきはずのものがないことに気がついた。

「あ！　財布がない？」

しまった！　ホテルに忘れてきたか！　中に運転免許証が入ってるのに……。

あわててホテルに戻る。

支配人さんがにこやかな笑顔で、

「フロントに置き忘れていらっしゃいましたよ」

と教えてくれた。

あぶなかった～。

無免許運転で捕まるところだった。財布を忘れるなんてダメだなあ……

あれ？　これって、ダメじゃないのか。むしろ、「ポンコツ」だからいいことなんだろうか？

なんだか不思議な気分だ。

今まで自分が持っていた善悪の基準がひっくり返る。僕は軽いめまいのようなものを覚えた。

まあ、順調ってことだな。

気を取り直して車に乗り込む。さっそくコハクさんの教え「キョロキョロ」をやってみた。しばらく走り出してわかったのは、車の運転は信号や標識を「キョロキョロ」しながら行なうので、この教えの実践にはうってつけだということだ。

「777」のナンバーを見つける。ラッキーセブンだ、幸先がいい。「龍神さまありがとう」って言うんだったな。

「龍神さま、ありがとう！」

お、今度は「３３３３」が来た。４つ並ぶとさらにラッキーな感じがする。

「龍神さまありがとう！」

おお！　車線変更して前に入り込んできた車が「44」だ！「44」は龍の数字だってコハクさんが言ってたな。龍神さまが近くに来ているのだろうか。

「龍神さま、ありがとう！」

はじめは正直ちょっとバカっぽくて恥ずかしかったが、だんだんと楽しくなってきた。「龍神さま、ありがとう」という言葉を心の中でつぶやくたびに、僕は脳内にイメージした「龍神スタンプカード」をポンッ！　ポンッ！　と押していく。

すると、どうだろう。

どんどん「ゾロ目」の車が増えてきた……あっちは「55」、こっちは「２２２」……。ゾロ目、ゾロ目、ゾロ目のオンパレードだ。こんなにもゾロ目の車ってあるのか……。これが龍神さまからのサイン？　でも、待てよ。以前も同じようなことがあったような……。

そうだ！　これ、子どもができたときに似ている！

妻が妊娠したとき、町中が「妊婦」だらけになった。「あれ？　妊婦ってこんなにいたの？」っていうくらい、すれ違う人、すれ違う人がことごとく「妊婦」だった。これは、実際の「妊婦」の数が増えたのではなく、僕の「意識」が変わったということだろう。妊婦が増えたように〝見えた〟のだ。つまり、「妊婦」はすでにたくさんいたのに、僕が「妊婦」を意識したことにより、「妊婦」が目に入る回数が増えたのだ。

そういえば、車を買い替えたときもそうだった。同じ車種が町中に増えたように思った。「こんなに同じ車に乗っている人多いんだ」と感じた。しかしこれもまた、僕の意識が変わったからそう見えただけのこと。つまりは「妊婦」や「新車」と同じように、ゾロ目の車のナンバーもすでにそこにあったけど、僕の意識が変わったことにより目に入るようになった、ということだ。

きっと龍神さまからのサインも僕が気づいていないだけで、身の回りにたくさんあ

るのだろう。それに気がつきなさいというのが、コハクさんが僕に伝えたいことなんだ。

「キョロキョロ」を思いのほか楽しみながら運転をしていたら、あっという間に新大阪駅に到着した。

レンタカーを返却し、僕は駅の構内を「キョロキョロ」しながら歩き始めた。

さあ、これからどうしようか？

そう思った矢先に、あるポスターが目に入ってきた。

「そうだ　京都、行こう。」

JR東海の京都のポスターだ。紅葉で赤く染まった清水寺をバックに、この見慣れたキャッチフレーズがバランスよく配置されていた。

このポスターを見た瞬間、僕の脳内は「そうだ　京都、行こう。」一色になってしまった。

僕はコハクさんと出会ったことをきっかけに、やや気分は晴れてきたものの、やはり時折、強烈な不安が頭をよぎっていた。まあ、うつ病だから仕方がない。そして、どうやらメンタルをやられると行きたくなるのが京都らしい。

僕は京都に向かうことにした。

調べてみると、新大阪と京都は新幹線で30分ほどの距離だった。チケットを買って、新幹線に乗り込むと、座席を倒す間もなく、駅弁を食べる間もなく、あっという間に京都に到着してしまった。

京都に着くと、僕は今日の宿泊先を探した。駅近くのビジネスホテルに電話をかけ、空室状況を聞いてみると、つい先ほどまで満室だったのが、たった今禁煙のシングルルームが1部屋空いたという。これも龍神さまのはからいだろうか？　まあ、今のところはそう思うようにしよう。ラッキー！　と思うようにしよう。

龍神さまありがとう！　スタンプ、ポンッ！

ただ残念ながら、この日の夢にコハクさんは現れなかった。

まあ、そうだよな。僕はまだ課題に取りかかり始めたばかりだ。そのうちまた、コハクさんは夢に出てきてくれるだろう。ホテルで朝食をとりながら、京都のどのスポットに行こうか考える。そして、散々悩んだ末に、大原に行くことに決めた。

大原は中学校の修学旅行で訪れた場所だ。当時はその良さがほとんどわからなかった。なんで苔ばかりの何もない場所にみんな来るんだろう？　なんて思ったものだ。その秘密が心地よい空気感にあることを理解したのは、成人して少し経ってからだった。

目的地を大原にしたのは、今の僕にとってその静けさが何よりも心のクスリになるような気がしたのだ。

京都駅から出ている大原行きのバスに乗る。

車内でも、相変わらず「キョロキョロ」を続けていた。今日もゾロ目をたくさん目にする。そのたびに心の中の「龍神スタンプカード」にポンッ！　と押す。そういえば、昨日よりも「44」や「8」を見る機会が多い。スタンプが貯まってきている証拠だろうか？

なかでも一番うれしいのは「8888」というナンバーだ。ゾロ目で龍の数字なんて最高じゃないか。「8」を「は」と読んだら、「8888」は「はっはっはっはー」だ！　数字を見るだけで笑えるなんて、なんてハッピーなんだろう。はっはっはっはーー！

コハクさんが用意してくれた「龍の知恵」は、子ども心あふれるとても楽しいものだった。ひょっとしたらコハクさんは「龍の知恵」を、僕の今の状況に合わせ、最初は簡単で楽しいものとして用意してくれたのかもしれない。僕は「龍の知恵」を実践することで、気分が落ち込むことが少なくなっていった。

僕が乗ったバスは、終点の大原駅に到着した。やはり京都、大原と言えば三千院。

大原駅のバス停から少し小高い場所にある。上り坂になった道沿いには川が流れていて、水の音が心地よかった。坂を上るにつれ、大原名物の漬物屋さんが目につくようになり、お漬物のいい香りが漂ってくる。後で子どもたちにお土産を買って帰ろう。お店の番をしていたおばちゃんの笑顔がまるで福の神みたいで、僕の心をさらに温めた。

三千院は美しかった。庭園に敷きつめるように生えている緑色の苔が、太陽の光にキラキラと輝いて、まるで生きているみたいだった。庭園の中を歩くと、思わず歩調がゆっくりになり、心の動きまでもがゆっくりになる。息を吸うと、心の中に優しくて温かなものが流れ出す。道沿いにたたずむお地蔵さんが、ほっこりとした笑顔でかわいらしい。身体からも心からも、余計なものが剝がれ落ちていく。

「ずっとここにいたい」。歩きながら何度思ったことだろう？　「ここに来てよかった」と心の底から思った。

三千院の他に、もう一か所行きたい場所があった。それは「寂光院」というお寺だ。ここも中学時代の修学旅行で行った。きっと三千院と同じように、今の僕の心にしみる場所に違いない。

時計を見ると、現時刻は15時30分。連日動き回っていて少し疲れている。できれば、ホテルには日の高いうちに戻りたい。しかし寂光院に寄るとなると、それも難しいだろう。でも……せっかく大原まで来たんだから、ちょっと足を伸ばして寄りたい。でも、ホテルでゆっくりもしたい。

うーん、行くべきか、行かざるべきか……。

迷ううちに、大原駅のバス停まで到着した。缶コーヒーでも飲みながら考えをまとめようと、自動販売機に向かったそのとき……。

右手からタクシーが走ってくるのが見えた。いっそ、タクシーで寂光院まで行けば時間短縮かなあ……という考えが頭の中をよぎったその瞬間、僕が手を挙げてもいないのに、タクシーは僕のちょうど左手前方で停止したのだ。

無意識にタクシーのナンバーに目が行く。

「197」

ゾロ目ではない。でも、なぜか気になる数字だ。何かのメッセージなのかもしれない。

１９７……１９７……い……く……な……。

ハッ！

「いくな」だ！

寂光院には「１９７（いくな）」というメッセージ！

いや、ちょっと待て。語呂合わせじゃないんだぞ。歴史の年号なら「７９４（なくよ）・ウグイス・平安京」って覚えたけど、ここが京都だからって、「１９７（いくな）・大原・寂光院」だなんて、いくらなんでも子どもだましだろ⁉

いや……。いやいやいやいやいやいやいやいや……。

コハクさんは「ポンコツになれ」と言っていたじゃないか。すなわち「子ども心を取り戻しなさい」と。僕が「１９７（いくな）」を子どもだましと感じるのであれば、今は子どもだましのほうを採用すべきだ。これは龍神さまからのメッセージだ。理由はよくわからないけど、何か寂光院に行ってはいけない理由があるんだ。そうだ、そうに違いない。

結局、僕は寂光院に行かず、京都駅行きのバスに乗った。

「さよなら、大原。バイバイ、大原」

寂光院は次の機会に来ることにしよう。

僕はちょっとセンチメンタルな気分で、少し西に傾きかけた太陽と大原の自然を、バスの窓から名残惜しく眺めていた。

出発して20分くらい経ったころだろうか？　バスの運転手さんから次のようなアナウンスがあった。

「ご乗車のみなさまにお知らせいたします。本日は××祭りの開催により、通常のルートではなく、迂回《うかい》ルートを通過しております。お客様におかれましては、運行に遅れが発生することをご了承ください。

なお、××祭りの開催に伴い、**大原発〜京都駅前行のバスは本日の16時以降、全面運休とさせていただきます。**あらかじめご了承ください」

何だって⁇

××祭りにより運行休止だって？

確かに窓の外を見ると、たくさんの人であふれていた。

僕はまたもや混乱した。乱れた思考を必死に立て直そうとする。

ということは、僕がもし寂光院に行っていたら、帰りの時間にはバスは運休になっていたってことだ。そうなると、数千円払ってタクシーで京都駅に行くしかない。職を失うかもしれない自分にとって、数千円は痛い金額だ。

それもうまくタクシーがつかまればの話で、すぐに見つからないとなると、大原に一人取り残されていたかもしれない。

大原三千院を歌った曲に「女ひとり」があるが、「人生に疲れた男がひとり」では絵にならない。

「197（いくな）」に従ってなかったら大変なことになっていた。

コハクさんの言っていたことが急にリアリティを帯びてきた。僕の知らないところで僕以外の存在が、ガチャーンガチャーンと音を立てて僕の人生に何かしらの影響を及ぼしている。これが「他力」なのか？　これを理解しろというのか？

にわかに、「龍の知恵」が僕の人生に肉薄《にくはく》してきた。

——そして、僕は少し怖くなった。

第4章

魔王と龍のラプソディ

龍の知恵4「気のせいをやめる」

「早いじゃないか。もうスタンプカードがいっぱいになったのか」

眠りにつくと、コハクさんが現れた。

「本当にびっくりしました。まだ信じることができません」

「まあ、そうだろうね」

「これってやっぱり、僕が寂光院に取り残されないように、龍神さまがタクシーのナンバーを使って、僕にメッセージを送ったと思っていいんでしょうか?」

「その通りだ。君はゾロ目を見るたびに、『龍神さま、ありがとう』って言いながら、ポンポンとスタンプを貯めてきたんだろう? 君がちゃんと受け取るから、龍神は『大きいボール』を投げたんだよ。**この調子で受け取っていけば、もっと面白いことが起こるよ**」

「やっぱり、そうなんですね。コハクさんに教えてもらったことをやってみたら、いろいろ気がつくことがありました」

「うん、君は呑み込みが早いね」

「コハクさんに言われた通り、『キョロキョロ』していたら、思った以上にゾロ目が多くてびっくりしました。僕の意識が変わったからでしょうか」

「そう。その通りだ。ゾロ目と同じように、龍神からの愛はいつもふんだんに、そしてそこら中にある。どんな人にも漏れなく愛が注がれている。でも、多くの人が気づいていない。**君はそれに気づくために意識のチャンネルを変えたんだ。意識を変えると現実が変わるんだよ**」

「なるほど……」

「さあ、今日もレッスンに入ろう」

「はい、よろしくお願いします」

「今日は『エネルギーを感じる』ことについて教えよう」

「エネルギーって石油とか電気とかの話ですか？」

「『見えない世界』を知るには、この『エネルギー』という概念がとても大事になる。たとえば、ヒーリングエネルギー、チャクラエネルギー、生命エネルギー、オーラエネルギー、パワースポットエネルギーなどなど、エネルギーとは、目に見えないけれど確かにそこにあるもののことを指すんだ」

「なるほど、それらの言葉は耳にしたことがあります」

「君はパワースポット巡りが好きだから、パワースポットを例に挙げるといいね。パワースポットに行ったときに、何かを感じたり、見たり、聞こえてきたりしたことはあるかな？」

「いやあ、僕はもともととても鈍感なほうで。何も感じないんですよ。高野山の龍を見たのは事故みたいなもので。なんで見えたかまったく意味不明なんです。僕は神社に行っても何も感じないし、何もわからないですね」

「なるほどね。では、質問を変えよう」

「はい、お願いします」

「君は新宿に行ったことがあるかな？」

「また大きく変わりましたね。東京の新宿ですよね。ありますよ」

「では、渋谷に行ったことは？」

「渋谷ももちろんあります」

「池袋はどうかな？」

「あります」

「この３つの街は、それぞれ雰囲気が違うのはわかるかな？」

「そうですね、なんとなくですがわかります。どの街もとても人が多くて、繁華街ですけど、街の特徴というのはあると思います。言葉にするのはちょっと難しいですが」

「**この〝雰囲気〟を『エネルギー』と言うんだよ**」

「え？　どういうことですか？」

「君は何も感じないと言ったが、ちゃんと『エネルギー』を感じているんだ」

「いやいや、意味がわからないです。街の雰囲気が『エネルギー』？」

「そうだ。もう１回言うが、この雰囲気のことを『エネルギー』と呼ぶんだ」

「そうなんですか？　なんだかこれまた拍子抜けというか……」

「最初に言っただろう。『エネルギー』というのは『目に見えないけれど、確かにそこにあるもの』のことを指すと。〝雰囲気〟は、この定義にぴったりと当てはまると思わないか？」

「いやいや、街の雰囲気なんて誰でもわかると思いますが……」

「そうかな？　たとえば今挙げた3つの街は、日本に住んでいない人はその違いはよくわからないんじゃないかな？」

「まあ、確かに外国人はこの違いはわからないかもしれないですね」

「この〝雰囲気〟を感じているのであれば、君はすでにエネルギーを感じているんだ。もちろん、街を例に出したのはちょっと大雑把《おおざっぱ》であることはわかっている。これから少しずつ細かくなっていくからね。ただ、君はまずは『すでに感じている』という場所に立ってほしい。**『感じている』のに『感じていない』としてしまうと、この『エネルギー』の世界はとても繊細だから、話は始まらないんだ**」

「わかりました。認めましょう。僕はすでに『エネルギー』を感じているってことにします」

「そうだ。では、話をパワースポットに戻そう。君が行ったことのある神社やお寺、それから聖地と呼ばれる場所は、それぞれ特有の〝雰囲気〟があると思うんだ。たとえば『高野山の奥之院』と『京都大原の三千院』。その2つに違いはあるかな？」

「ありますね。どちらも苔むしていて、とても静かで落ち着くけど、やはり〝何か〟が違います。高野山は、ちょっと人間の世界ではない異次元の場所に来てしまったような感じになります。流れている空気に触れるだけで、魂の奥底に何かが響くような、そんな感覚でしょうか。一方、大原は本当に心を落ち着かせる静かな空気感がありま す。歩くだけで癒されていくような、力が抜けていくような感覚があります」

「うん、いいね。しっかり感じとれているじゃないか。これが『エネルギー』だ。もう少し細かくしようか。君は神社に行ったら、どこにお参りする？」

「どこ？　どこというと？　神社にお参りしたらお賽銭を入れて、鈴をしゃりんしゃりんと鳴らして……」

「そこは拝殿だね。そこ以外にお参りする場所は？」

「え？　他にもお参りする場所があるのですか？」

「摂社・末社という小さなお社《やしろ》があったり、また神社によっては、奥宮といって、本殿とは別にお社があったりもする。また、池や川、祠《ほこら》など、一つの神社の境内《けいだい》にはいろいろな場所があるんだよ」

「そういえば、そうかもしれない。気にも留めなかったけど」

「その一つひとつの場所に特有のエネルギーがあるんだよ。今日の課題はまず、神社に行くこと。**そして、まずは、神社の外と神社の中ではどんな〝雰囲気〟の違いがあ**

るかを自分で体感してみること。つまり、鳥居をくぐる前と後では何か感じるものがあるかどうか調べてくるんだ。その次に、神社の中のいろんな場所にお参りして、それぞれの〝雰囲気〟を感じること」

「わかりました。でも、もし、何かを感じたとしてもなんだか『気のせい』かなって思っちゃいそうです」

「そうだ。**ここにもまた一つ真実がある。『見えない世界』を感じるための一番の弊害は『私は何も感じない』と自分の感覚をないものにしてしまうことだ。多くの人がちゃんとエネルギーを感じとっているのに、『私には何も感じない』と言い張っている**」

「なるほど」

「君はまず、『気のせいだ』と考えたりして自分の感覚をないものにしないこと。最初のうちは『気のせいだ』と思ったら、『いやいや、気のせいじゃない。私は感じている』と思うようにしなさい。自分の感覚を一切否定せず、すべて肯定しなさい。自分の感覚を消そうとする『気のせいだ』という声を無視しなさい」

「ぜ、全部肯定するんですか？　できるかなあ？」

「エネルギーとは『ある』と思うと存在するし、『ない』と思うと消えてしまう。これは『目に見えない世界』だけではなく、この世界の多くのことに当てはまる〝真理〟なんだよ。お金も、人脈も、『ある』と思うと存在するし、『ない』と思うと消えてしまう。この世界のすべてはエネルギーだからね」

「なるほど、深いですね」

「ちょっと話が飛躍してしまったが、話をまとめると、神社に行ったらいろんな場所を回り、感じたものを否定しないで肯定すること。つまりは『〝気のせい〟をやめる』ということだ。わかったかな？」

「はい、わかりました」

「では、今日はここまでだ。また、夢で会うとしよう」

「はい。また、夢で会いましょう」

私は
ちゃんと
感じている
気のせい
気のせい

僕はまだ京都にいた。妻からはいつ帰るのかと心配されたが、まだ一人旅を続けさせてほしいと伝えた。有給休暇中なので給与は入ってくるが、家族の生活費ですべて消えてしまう。それも、有給が終わってしまえば、収入のメドは立たない。このまま旅を続ければ、貯金はどんどん減っていき、手持ちのお金が底をつくことは目に見えている。底をついたときを想像すると、恐怖心で全身が動かなくなる。

があああ！　と唸《うな》りながら、その場に座り込みたくなる衝動に駆られる。

ただ、今はもう少し、パワースポット巡りを続けていたかった。いや、経済的な不安を頭の中から振り払ってでも、旅を続けなければいけないような気がしていた。自分でもよくわからないのだが、今過ごしているこの時間が、僕の人生を変えるような予感がしていたのだ。

今日はさっそく、コハクさんから与えられた課題に取り組むことにする。京都と言えば、神社仏閣の宝庫とも言える場所だ。どこに行こうか？　せっかくコハクさんから課題を与えられているのだから、龍にまつわる神社に行きたい。

インターネットで「京都　龍神」で検索すると、すぐに出てきたのが「貴船神社」だった。貴船神社には高龗神《たかおかみのかみ》・闇龗神《くらおかみのかみ》という龍神が祀られているらしい。しかも、本宮・中宮・奥宮と3つの社殿があるとのこと。コハクさんは、いろんな神社のいろんな場所に行けと言っていた。この神社は、コハクさんの課題をこなすのにはぴったりの神社ではないか。

また、貴船神社を調べていたら、近くに「鞍馬寺《くらまでら》」というお寺があり、こちらも有数のパワースポットであることがわかった。鞍馬寺は鞍馬山という山の中にあり、太古の昔に金星から地球に降りてきた「サナト・クマラ」というスピリチュアル・マスターをお祀りしていて、ヒーリングの一種である「レイキ」の発祥の地とのこと。この2か所のパワースポットをお参りするのが、参拝者の人気コースなのだそうだ。

ルートとしては、鞍馬山の登山口から山頂付近の鞍馬寺を目指す。鞍馬寺の本殿をお参りしたのち、さらに山頂を目指すと「魔王殿」という場所がある。そちらをお参りして登ってきた方向とは反対側に下山すると、下山口すぐの場所に貴船神社の本宮があるそうだ。

今日はここに行こう。魔王と龍。どちらもお参りしたら、なんだかすごいことになりそうだ。

京都駅からＪＲに乗って東福寺《とうふくじ》駅へ。そこからは京阪線に乗り変えて出町《でまち》柳《やなぎ》駅まで。出町柳駅から叡山《えいざん》電車に乗って終点の鞍馬口に向かう。

初めての土地なので、乗り換えを間違えそうになった。切符を失くし、駅員さんに頼んで改札を通してもらったりもした。さっきは、ズボンのファスナーが全開だった。

今の僕はポンコツ街道まっしぐら。

順調だ。

そして、乗り換えのわずかな時間でも「キョロキョロ」を忘れることなく、ゾロ目やシンクロニシティを探す。今日も車のナンバーのゾロ目をいくつか見つけた。スタンプポンッ！

叡山電車の窓の外から見える風景が、だんだんと山奥の深い自然の情景に変わっていく。天狗が待つ山。魔王が待つ山。龍神が待つ神社。摩訶《まか》不思議なキャラクターに会いに行く冒険ファンタジーの主人公になったような気がして、僕の胸は高鳴った。

鞍馬駅に降りる。空気が都会のそれとは違う。一気に一昔前にタイムスリップしたような感覚になった。小雨だがしっとりと濡れるような雨が、僕の身体を濡らしていく。歩くだけならさほど濡れないが、おそらく山頂に行くまでに雨具を着けずに歩いたらびしょ濡れになるだろう。

僕はリュックからカッパを出し、登山前の身支度を整えた。

雨の中を登山口に向かって歩いていくと、真っ赤な顔をした、それはそれは大きい鼻をした天狗のモニュメントがお出迎えしてくれた。


鞍馬寺の門をくぐる。コハクさんは、敷地内に入る前と入った後での違いを感じろ、と言った。確かに空気が変わる感じがする。すっと背筋を伸ばしたくなる気分だ。これがコハクさんの言う「エネルギー」なのだろうか。頭の中では「気のせい」はやめること、「気のせい」はやめることと、何度も自分に言い聞かせている。「気のせい」をやめようとすると、不思議と繊細な気分になり、まるで全身の毛穴からセンサーが出ているかのような感覚になった。

紅葉が美しいモミジの階段を上ると、間もなく右手には滝が流れていた。「魔王の滝」と書いてある。滝の下には龍のモニュメントがあり、叩きつけられた水しぶきが龍の頭を濡らしていた。心の奥をぐっとしめつけられるような感覚。鈍感な僕でもわかる。ここはただの場所ではない。全身に鳥肌が立つ。これは「気のせい」……ではなさそうだ。ふぅう……。

滝とその横にあるお社に手を合わせてお参りをし、また山道を歩き進むと、大きな杉の木が見えた。杉の木に沿うように作られた階段を上ると、小さな神社さんがポツンポツンと建てられている。そのすべてのお社をお参りしながら、階段を上りきる。すると、大きなお社が現れた。「由岐《ゆき》神社」というようだ。コハクさんとの出会い、鞍馬寺との出会いに感謝します、と心の中でお祈りをしながらお参りをした。

もうすでに8つほどのお社をお参りしただろうか？　かすかではあるが、一つひとつのお社の雰囲気が違うような気がした。気がした。気がした。いや、感じている。

感じている。一つひとつ「気のせい」をひっくり返して自分に言い聞かす。僕は感じている。感覚を肯定するんだ！　いや、少なくともさっきの「魔王の滝」では何かただならぬものを感じた。僕は少しずつではあるが、コハクさんの言っていたことを理解し始めていた。

一気に鞍馬寺を目指すことにした。山をずんずん、ずんずん登っていき……たいのに。なんだろう？　先ほどから足取りがふらつく。なんだかめまいにも似たこの感じ。これでも体力には自信があるほうだ。高校生のときはラグビーをやっていたので、これくらいの山道ならさほど疲れなく登れるはず。なのに、なぜか身体が揺れる。

頭がくらくらする。あ！　くらくらするから鞍馬寺なのか！　なんて頭をかすめたダジャレも一瞬にして消えてしまうくらい、必死になって、ふうふう言いながら山道を上へ上へと登っていく。

見えた！　鞍馬寺だ。大きくて荘厳なお堂は、やはりただならぬ雰囲気を感じさせる。お堂の中に入る。真っ暗だ。なんだ？　さらにくらくらするぞ。ちょっと立っていられないくらい、強い「何か」が僕に覆いかぶさってくる。どうしてこんなふうになってしまうのか？　おいおい、どうなってるんだ？　いったん外に出よう。ふうーーーーーっ。

お堂をいったん出て、僕は座り込んでしまった。なんだろう？　この不思議な感覚は。ちょっと尋常じゃないぞ……。


「どうしたんだね？　顔色が悪いね」

見上げると70代くらいのお爺さんが僕に声をかけてくれた。

「ああ、すみません。初めてこちらの鞍馬寺に来たのですが、なんだか激しくくらくらしてしまって。これは……一体何なんですかね？」

「そうかそうか。ここはな、聖なる場所だ。宇宙のエネルギーが天から降りてきている場所なんだよ」

「宇宙のエネルギー？」

「そうだよ。山全体が聖地になっていて、他の場所とは異質のエネルギーで満ちている。慣れない人は『エネルギー酔い』をしてしまうだろうね」

「エネルギー酔い？」

「そうだ。ほら、船に乗ると酔ったりしてくらくらするだろう？　あれと一緒さ」

「そうなんですね。僕はまさにエネルギー酔いの真っ最中だと思います」

「そんなときは、ぐっとお尻の穴に力を入れるんだ。そうすると治る」

「え？　ホントですか？　お尻の穴……ぐっ……」

「どうかな？」

「ホントだ……少しくらくらが治りましたね」

「エネルギーを地面に流して地に足をつける方法だよ。一種の『気』の使い方だ。まだこの上には『魔王殿』があるからね。くらくらしたら、またやるといい」

「ありがとうございます。ところでおじいさんは鞍馬寺にはよく来られるんですか？」

「まあな。しょっちゅう来て、君のような人に同じようなことを言っている、ただのお節介オジジじゃよ、ほっほっほ」

と言うが早いか、老人とは思えぬ確かな足取りで、山道を下っていった。なんだかコハクさんみたいなお爺さんだったな。

本殿を後にしてさらに山頂へと足を進める。ここから先はさらに山道らしい。雨は先ほどから変わらずしとしとと降り続けている。ふだんはもっと参拝客がいるだろう。雨のためか、ほとんど貸し切り状態と言っていいほど人はいなかった。

鞍馬山の木々は美しい。雨に打たれてなお美しく感じる。木々の間に小さな天狗や精霊がひそんでいるような気がした。おっと！　まずいまずい。そんな「気」がしてしまった！　うっかり「気」がしてしまうと、天狗や精霊まで「気のせいではない」と肯定しなくてはならない。いやいや、ちょっとそれはさすがに〝無い〟だろう。これで精霊まで見えてしまったら、まるで『となりのトトロ』や『もののけ姫』の世界じゃないか。クレイジーにもほどがある。アブナイ、アブナイ。

山頂付近に来ると、また信じられない光景が僕の目の前に広がった。木の根がうねっているのだ。まるで、大量のヘビかウナギが地にはっているかのように、木々の根がうねって地表に出ている。こんな場所、今まで見たことがない。そして、ところどころに木自体もうねっている。ぐるんと一回転している木もある。ただ、このように奇怪《きかい》な木々を目《ま》のあたりにしても、あまり怖い感じはなかった。一見、その異様さにびっくりはするものの、不思議と心は落ち着いていた。

この先に「魔王殿」がある。事前の下調べでこの「魔王」とは太古の昔に金星から降りてきた「サナト・クマラ」という存在ということがわかっていた。そして、「魔王」という名前は、昔の人がつけた名前で、「魔」とは「とっても不思議な」というような意味。だから「悪魔」とか「邪魔」などに使われる「魔」のようにネガティブなニュアンスはないそうだ。「王」とは「すごい存在」というような意味。つまり、金星から来た「サナト・クマラ」は「とっても不思議なすごい存在」ということだ。

「魔王殿」に到着した。一瞬にして神妙な感覚になる。針の穴に糸を通すときのような緊張感が全身を包む。「魔王殿」の中に入ると、そこは静寂《せいじゃく》に包まれた身の引き締まる空間だった。何かの儀式をするかの如く厳かな雰囲気で、それでいて、どこか優しく包んでくれるような温かさもある。

さっきのくらくらはお爺さんが教えてくれた「気」の使い方を随所で行なってきたおかげか、すっかり治っていた。目をつむり両手を合わせる。そうすると、そこに「サナト・クマラ」がいるような感じがした。僕は自然と自分の心の中で、「サナト・クマラ」に自分の心のうちをさらけ出していた。

「僕はマサユキと言います。お参りさせていただいてありがとうございます。私はこれまでずっとサラリーマンとして会社勤めをしていました。今はその会社を辞めたいと思っています。ただ、次の就職先も収入の当てもありません。どうか、どうか、力を貸してください。私一人の力では、現状を変えることができません。どうすることもできないのです。お願いです。私も頑張りますから、どうかこれからの私の行く末を照らしてください。お願いします」

心の奥底から次々と言葉が湧き上がってきた。今まで大丈夫なふりをして強がっていたのが自分でもわかった。とても弱い自分が出てきて、自分でもびっくりした。自分よりも大きな存在を目の前にすると、こんなにも自分のことをさらけ出してしまうのかというくらい、すべてを「サナト・クマラ」に明け渡すように話していた。

すると、ふと僕の脳裏に言葉が現れた。それは、直観やインスピレーションのような類のものだったが、**自分以外の存在が、脳にダイレクトに話しかけてくるような言葉だった。**

「その能力を使いなさい」

そう聞こえた気がする。僕の行く末を照らしてください、と心の底からお願いしたから、「サナト・クマラ」がメッセージをくれたのだろうか？　それにしても〝その能力〟ってどの能力だろう？

「魔王殿」を後にすると、ここからはとにかく下山だった。登りのルートよりも斜面が急だったので、雨でぬかるんだ道は歩きにくい。気を抜いたら足を滑らせて、谷底に真っ逆さまに落ちていきそうだ。ゆっくりと慎重に山道を降りていく。靴は濡れて重く、靴下の中までずぶ濡れだった。やっとの思いで下山し、下山口にあるそば屋に入ると、僕は遅い昼食をとることにした。

「かけそば一つください」

僕は店員にオーダーをすると、今日起こった出来事を振り返ってみた。コハクさんからもらった課題は「気のせいをやめること」。そして、その課題を胸に実際に鞍馬寺を参拝してみたのだが、思いのほかいろいろなことを感じられることに気がついた。魔王の滝、たくさんの神社、ご神木、本殿、魔王殿……。それぞれに、それぞれのエネルギーがあり、その違いがなんとなくわかった。特に本殿のパワフルなエネルギーは圧倒的だった。そして、魔王殿での「啓示」とも言えるメッセージ。「気のせいをやめる」だけで、こんなにも世界は豊かだったのか、ということに気がついた。見えない存在は、確かに存在する。自分が自分で「気のせい」だといって、打ち消してきたのだ。こんな世界があるのか。本当に「スタジオジブリ」の世界だ。

そう、さっきは打ち消してしまったが、やっぱり木々の間には天狗や精霊がいたような「気」がする。いや、いた。いたのだ。僕は『もののけ姫』に出てくる「こだま」や、『となりのトトロ』に出てくる小さい「トトロ」のような存在に見護られて、

鞍馬山を歩いてきた……のか？　本当にそうなのか？　幻想じゃないのか？　気のせいじゃないのか⁇

ええい！　まどろっこしい！　いつまでやっとんねん、自分！　まどろっこしすぎて、関西弁にもなるわ！　もう、ヘンな人になってもええやん！　クレイジーだと思われてもええやん！　アンタにはもう面子《メンツ》も体裁もないんやから！　頭のおかしなヤツでええやない！　イカレたポンコツでええやないのっっ！

「お待たせしました、かけそばです」

僕は早々にかけそばを食べ終わると、次の目的地の貴船神社に向かった。

貴船神社本殿は、そば屋から歩いて5分とかからなかった。気がつくと雨はやんでいた。

鳥居をくぐって、僕は唖然《あぜん》とした。

「あれ？　全然違う……」

鞍馬寺の雰囲気とまるで違う。この温かで豊かでさわやかなエネルギーはなんだろう。もちろん、鞍馬寺の雰囲気が、イヤな雰囲気だったわけではない。ただ、鞍馬寺は強く鍛えられるかのような、修行してもらっているかのような感覚を受けたことに比べ、こちらの貴船神社は参道を歩いていくだけで、ラクになり、軽くなり、元気になる。鞍馬と貴船。歩いて5分の距離で、こんなにも場所によって雰囲気が違うものか。

貴船神社の本宮には「ご神水」がある。その近くにいるだけで気持ちがいい。貴船神社の由来は「氣生根《きふね》」＝「氣が生ずる根」。つまりエネルギーの源として、昔から多くの人が元気になるために、この神社にお参りをしたそうだ。

なるほど、昔の人もエネルギーというのを大事にしていたんだな。「氣が生ずる根」であれば、どうりで歩いているだけで元気になるわけだ。そして、こちらには高龗《たかおかみの》神《かみ》・闇龗神《くらおかみのかみ》という龍神が祀られているとのこと。やっぱり、龍と縁がある僕だから波長が合うのだろうか。

気がつけば、もう夕方の5時になりそうだ。だいぶ遅い時間になってしまった。次に向かう「奥宮」への道がわからなくて、インターネットで検索する。

その検索結果は、今僕が最も見てはいけないものであった。

「夜の貴船神社の奥宮は恐ろしい。近づかないように」

ひぇっ！　そうなの？

なんでも夜の奥宮は龍神が暴れ出して、大変に恐ろしいらしい。ならば、鞍馬寺より貴船神社に先にお参りするべきだった。夕方に行っちゃいけないなんて知らなかったよ。なんてこった……。でも、まあ、行くだけ行ってみよう。でも、怖いなあ……。僕はホラー映画の類は絶対見ないし、ゾンビが出てくるゲームなども苦手。怖いのがダメなのだ。

本宮から歩いて10分くらいの場所に奥宮はある。完全に日が暮れるまであとわずかだ。奥宮に続く道の右側に何軒もの飲食店が並んでいる。「川床《かわどこ》」といって、川を覗きながら食事をするのが貴船の名物らしい。高級旅館もいくつも立ち並ぶ。旅館の入り口のライトが心細い僕の心を支えてくれた。

奥宮の入り口に到着。木々がライトアップされているが、それがかえって不気味な感じを与える。周囲を見渡しながら参道を歩く。鬱蒼《うっそう》とした木々の間から、何か恐ろしいものが飛び出てきそうで、自然と身体が凝り固まる。

手水舎《ちょうずや》でお清めをして門をくぐると、神聖な空気に満ちた空間が広がっていた。そのことに感動したものの、一方で先ほどのインターネットの情報が頭にこびりついて離れない。木々の葉がカサカサ音を立てて揺れるだけで、そら恐ろしい気持ちになる。突然、風がびゅうぅと吹く。「ひゃあ!」と声を上げそうになる。

こんな時間だから、参拝客は誰一人いない。パワースポットが貸し切り状態なので本当ならうれしいところだが、このときばかりは誰かいてくれよ、と思う。拝殿に向から僕の足取りは重い。本当に龍神が暴れているのだろうか? どうか、怖いものが出てきませんように。

こんなに緊張した二礼二拍手一礼は初めてだ。手を合わせ、目をつぶりながら、深呼吸を何度かくり返す。少し心が落ち着いてきた。すると、龍神さまにお伝えしたかったことが胸の奥から湧き出てきた。

「龍神さま、僕は今とっても不思議な気持ちです。高野山で龍神さまを見たり、夢にコハクさんが出てきたり。狐につままれたような気分です。先行きもわからないし、僕は何をやってるのだろう? って思うこともあります。でも、今日魔王と龍神さまにお参りして、これから良くなっていくような気がしてきました。僕も頑張りますので、ぜひ、後押しをしていただけますようお願いいたします」


心の中で言いきると、目を開けた。

すると、僕の目の前にまたもや信じられないものが現れた！

本殿のお社屋根の上に覆いかぶさるような恰好で、大きな大きなエネルギー体が現れた。

僕は目を見張った。

それがどのような存在であるか、僕は一瞬にしてはっきりとわかった。


「龍神」だった。


またもや、龍神を現実世界で、肉眼で見ている。

僕はもう「気のせい」で消すことはしなかった。

「ああ、また会えた」という感動で胸がいっぱいだった。

そして何より、さっき見たネットでは「怖い」と言われていた龍神さまは、大変に穏やかで、笑っているように見えた。

その笑顔は慈悲にあふれていて、芸能人にたとえると、笑福亭鶴瓶さんの笑顔のようだった。

僕はしばし見とれていた。

その間、ずっと龍神さまと目が合っていた。

しばらくすると、その笑顔のまま、龍神さまはすっと消えてしまった。

龍神さまに会えた感動で胸がいっぱいになった。ふと、後ろを振り返ると、先ほどまで怖い場所だった貴船神社奥宮の表情が一変していた。

怖いどころか、何とも楽しい場所に変わっていたのだ。

僕には見えていた。

人間で言えば2歳児くらいの小さな小さな精霊たちが、境内で遊んでいる。まるで『ピーター・パン』に出てくるティンカー・ベルみたいな精霊が、5体、6体飛んでいた。神社の森は、精霊たちの遊び場になっていたのだ。

はじけるようなキラキラしたエネルギーを発しながら、精霊たちは動き回っている。そのあまりの楽しげな様子に、僕は仲間に入れてほしくなった。

思い切って声をかける。

「精霊さんですよね」

精霊たちはくるくると動き回る。

僕の問いかけに反応してくれているようだ。僕はとてもうれしくなった。

鳥居の方向へ歩き出すと精霊たちが道を開けてくれる。鳥居をくぐると、精霊たちが神社を出て僕についてくる。

え？　ついてくるの？　貴船の精霊さんたち、バス停まで見送ってくれるの？　あ、なんて楽しいんだろう！

もちろん、この状況を第三者が見たら、完全にアヤシイ人と思われることとくらいわかっている。「病院に行ったほうがいいよ」と間違いなく言われるだろう。

でも、こんな機会はめったにない。精霊とおしゃべりするなんてことは、もう二度と経験できないかもしれない。ラッキーなことに、すでに日はとっぷり暮れて参拝客は誰一人いない。だから、僕は精霊とお話ししながら、バス停までの道をルンルン気分で歩いていく。

「精霊さん、僕と友だちになってください！」

精霊たちがくるくる〜っと動き回る。

「わあ！　ありがとうございます！　うれしい！」

精霊がまたもやくるくる〜〜っとする。

「精霊さん、僕はこれからどう生きていけばいいんでしょう？」

身の上相談まで始めてしまった。精霊たちがランダムに動き回る。それを見ていたら、なんとなく安心感のようなものが伝わってきた。

「大丈夫ってこと？　ですか？」

精霊たちが大きくくるくる回る。

「大丈夫なんですね！
うれしーーーい！
やったぁーーーー！
僕の人生、
精霊さんのおっすみつきぃーーーー！」
僕はますますルンルンになり、スキップで歩いていた。

「ハッ！！！」


僕は気づいてしまった……

誰かがこっちを見ている……

明らかに視線の気配を感じる……

最初のころは周囲を見渡しながら会話をしていたのだが、つい楽しくなり、精霊との会話に夢中になりすぎてしまっていた。したがって、僕としたことが、まったく周囲が見えていなかった。

僕を見る視線の気配のほうに素早く目を動かす。

すると、そこには、一人の男性が立っていた。それは、高級旅館の番頭さんだった。

僕が番頭さんに目線を向けると、番頭さんは**あからさまに「伏し目」がちに立っていた。**このあからさまな「伏し目」が、彼が僕と精霊とのやりとりを一部始終見ていたことを物語っていた。

僕は精霊さんたちとお話しできることがうれしくて、かなりの大音量でしゃべっていた。番頭さんはどこからか僕のことを見ていたのだろう。いつから僕に気づいていたのだろう。きっと50メートル先くらいから、一人でしゃべるアブナイお兄さんがこっちに向かってくると思っていたのだろう。関わってはいけないと思ったのだろう。だから、僕が通り過ぎるときにはすでに「伏し目」の用意をしてくれていたのだろう。

僕はこの日、生まれて初めて精霊と会話をし、そして、生まれて初めてそれを人に見られてしまったのだ。

うわぁぁぁぁぁぁああああああ！

はっずかしーーーーーーーーぃ！！！！！

恥ずかしさで顔が真っ赤になる。

一番やってはいけないことをやってしまった。

汗が、汗が至るところから噴き出てくる。

ぐるぐるした液体だか個体だかわからないものが、みぞおちのあたりからこみあげてくる。足の筋肉がフワフワして、完全に下半身が落ち着かない。

「あの……これはですね、事情があってですね」

などと弁明したほうがいいだろうか？

でも、どんな事情と説明するのだ？

「精霊に人生相談していました」

ますますアヤシまれるに決まっている！


あちらは「伏し目」で対応してくれているのだ。

この「伏し目」は思いやりだ。

見て見ぬフリをしてくれているのだ。

これが人間の愛というものだ！


ありがとう番頭さん！！

僕は身体中の毛穴という毛穴から噴き上がるヘンな汗をかき消すかのごとく、全速力でバス乗り場に向かってダッシュした。

第5章

龍が起こす奇跡

龍の知恵5『龍神さまと同じことをする』

「それは大変だったね」

「ホントですよ、恥ずかしくて顔から火が出ましたよ」

「でも、1日でだいぶ成長したじゃないか」

「なんだかよくわからないですが、とりあえずコハクさんに言われたことをやってみました」

「まず、行った場所の選択が素晴らしいよ」

「そうですか？」

「うん、鞍馬寺と貴船神社は近接しているのに、まったくエネルギーが違う。エネルギーキャッチの最初のレッスンとしては、うってつけの場所だった」

「そうなんですね」

「おそらく君は鞍馬寺でエネルギーを覚醒してもらったんだ。あそこは『目覚め』のエネルギーが充満しているからね。『思考優位』から『感覚優位』に移行させてもらったとも言える。そして、それを貴船神社で実践させてもらった。エネルギーをキャッチする能力を発揮する場を与えてもらったんだよ」

「あの、コハクさん。鞍馬山の魔王殿で『その能力を使いなさい』って言われたんですが、これはどの能力を指していると思いますか？」

「この能力だよ」

「この能力？」

「そうだ、**今、君が練習している『見えない世界』のエネルギーをキャッチする能力を使いなさい**ってことだ」

「ああ、なるほど」

「ちなみに、魔王殿には何かお願いごとをしたのかな？」

「未来を指し示してくださいとお願いしました」

「うん、まさに今やっていることを続けると未来が開けるよと、『サナト・クマラ』が言ったんだね。これはスピリチュアル・マスターからの祝福だ。おめでとう！」

「あ、ありがとうございます。まだ実感はありませんが……」

「まあ、実感はやりながら湧いてくるもんだ。さて、今日のレッスンに入ることにしよう」

「はい、お願いします」

「君にはこれまで、見えない世界から送られてくるサインのキャッチの仕方を教えてきた」

「そうですね。キョロキョロする、龍神スタンプカードを集める、気のせいをやめる……」

「そうだ。いつだって龍神は君のそばにいて君に愛を送っている。その実感が少しは湧いただろうか？」

「はい。なんとなくわかってきました」

「今日からはもっとダイナミックに『他力』を使って、人生を変えていく方法を伝授しよう。**それはいわば『龍の背中に乗る方法』だ**」

「そうなんです。それ気になっていました。いつ教えてくれるのかな？　って」

「**龍の背中に乗るには、まず『龍神と同じことをする』ことだ**」

「龍神さまと同じことをする？」

「そうだ、龍神と同調すれば、この世界を自由に構築できるようになる。だから君は今日から龍神と同じことをしなさい」

「すみません……言ってる意味がまったくわからないのですが……」

「なぜかな？」

「いや、だって、龍神さまと同じことをするっていっても、そもそも龍神さまが何をしてるかわからないじゃないですか？」

「何を言ってるんだ。さっき君は『龍神がしていることを理解した』と言っただろう？」

「さっき？」

「君は、『龍神はいつだって君のそばにいて君に愛を送っている』と言っただろう」

「あ……」

「それと同じことをやるんだ。つまり、**龍神が君を愛するのと同じように、君が君のことを愛する**のだよ」

「僕が僕のことを愛する？」

「そうだ。それが『龍の視点』だ。君が君を愛することはイコール龍神と同調することなんだよ」

「そうなんですか⁉」

「君は君のことが好きかね？」

「うーん……正直、好きではありません。ダメで冴《さ》えないヤツだと思っています」

「人間には失敗もあれば成功もある。君は病気になったことで自信を失っているのだろう？」

「はい、そうです」

「大きな失敗をしてしまったと思っているんだね。でも、失敗しない人間などいないんだよ。それどころか、これまで尋常じゃないくらい働いて、家族を守るために精一杯やってきたじゃないか。そんな自分を『よくやってるね』とねぎらうことはできるんじゃないか？」

「そうですね。自分でもよくやってきたと思います」

「そうだろう？ **龍神は『よくやってるね、大丈夫だよ』という目線で君を見ているのだ。**だから君も『よくやってるね、大丈夫だよ』と自分をねぎらいなさい」

「はい……なんだか、泣けてきます」

「涙が出るのは魂が喜んでいる証拠だ。自分を愛するというのは魂が喜ぶことなんだよ」

「ありがとうございます」

「前回に引き続き、赤ちゃんの例を出そう。君は赤ちゃんを抱っこしたときに優しい眼差しになった記憶はないかな？」

「あります。赤ん坊だったころの息子を抱っこするたび、いつも自分の中に優しくて甘くて穏やかなものが流れて、自然と顔がほころんでいたと思います」

「**そう、君が赤ちゃんに向けるその眼差しが、龍神が人間に向ける眼差しだ。**君もその視線を自分に向けるのだ。優しくて心地よい目線を自分に向け続けるんだよ」

「うう……こんなに優しい目線、誰からも向けられたことがない……」

「あるよ」

「いや……ないです」

「あるよ、君も赤ちゃんだっただろう。君が生まれてきたとき、君の両親は君をこんなにも優しい眼差しで見ていたんだよ」

「そうか……」

「君は愛されてきたんだ。両親からも、友人からも、龍神からも」

「ずっと僕は愛されてないって思ってきました」

「そうだ。だから、これからは、君は君を愛するんだ。自分を愛することで君は他の人から愛されていることを思い出すだろう」

「わかりました。すぐにはできないかもしれませんが、やってみます」

「具体的には、自分に『よくやってるね』『大丈夫だよ』『大好きだよ』などと声をかけることだ」

「うっ……それにはとても抵抗がありますね」

「それから自分のことをハグするのも効果的だ。**右手を左肩に、左手を右肩に置いて、実際に自分のことをハグをする。ハグをしながら『大丈夫だよ』と声がけをする。これを『ハグマイセルフ』というんだよ**」

「ハグマイセルフ……それは……さらに抵抗があります……」

「今の君にはそうだろうね。でも、そのうち楽しくなってくる。それに、これをやることで『他力』が使えるようになるのであれば、やってみる価値はあると思わないかい？」

「うう……でも、なんだかナルシストみたいで……」

「なるほど、君はやはり素直だ。そして、ここにもまた一つ真実がある。**多くの人が、ナルシストになりたくない、という理由で、自分を愛することをしない。でも、ちょっと考えてほしい。本来ナルシストというのは、自分の価値を根底では認めていないのに、外見を過剰に飾ったり、自分のあげた成果などをやたらと自慢したりする人のことを指すのではないかな？**」

「言われてみれば、確かにそうかもしれない」

「そういう人の近くにいると、なんだかちょっと居心地が悪い感じがするだろう。それは、ナルシストの人の中で自分の内側と外側が統合されていないからだ。彼らは、本当は自分のことが嫌いなんだ」

「なるほど」

「**本当に自分を愛している人というのは、内側と外側がきちんと統合されている。自分のダメな部分も、いい部分も、すべてを全人格的に認めている。だから、その人の近くにいても、居心地が悪いということはない。むしろ、近くにいるとあったかい温泉のような気分になるものだ**」

「なるほど、わかりました。でも、どうして自分を愛することが『他力』を使うことになるのですか？」

「さっきも言った通り、『自分を愛する』というのは『龍神と同じことをする』ということだ。これはつまり、全知全能の存在、宇宙、大いなる源、まあ、言い方はなんでもいいが、君よりも大きな存在と同調し、味方につけることを意味する。端的に言えば、**自分を愛すると宇宙が君を愛するのだよ。**君にとって幸運と思えることだったり、チャンスが巡ってくる。するとこれまで以上にシンクロニシティが多発するのだ。シンクロニシティは……なんだったかな？」

「龍神からの後押しサインです」

「そうだ。少しずつでいいからやってごらん。びっくりするくらい人生が好転するよ」

「わかりました」

「では、また夢で会うとしよう」

「はい、また夢で会いましょう」

龍があなたを愛する
あなたがあなたを愛する
龍と同調する

僕は目が覚めるとさっそく自分を愛してみようと試みた。ホテルのベッドの上で横になりながら、自分をハグする。コハクさんに教えられたように、赤ちゃんを抱っこするような気分で自分を抱きしめる。

「大好きだよ」

「大丈夫だよ」

何とも恥ずかしい。

身体がむずむずと抵抗をする。すぐにやめてしまいたいという衝動に駆《か》られる。

でも、そこをぐっとこらえてハグを続けてみる。

「大丈夫だよ」

「大好きだよ」

すると、自然と目から涙がこぼれた。

思えば、こんなふうに自分のことを大切に扱ったのは初めてかもしれない。

そして、ずっとこんな言葉を誰かにかけてもらいたかったのかもしれない。

ずっと、僕は頑張ってきた。

ずっと、自分に自分でムチを打ち続けてきた。

そうすることでできることが増え、成長はあったかもしれないけれど、一方で、僕は僕のことをずいぶんと傷つけてきた。

坂上部長に「死ね」と言われてきたけれども、**本当は、僕は僕自身にずっと「死ね」と言ってきたのだ。**

今、僕は「死ね」の反対の言葉を自分に言い聞かせている。

「大丈夫だよ」

「大好きだよ」

自分で自分につけた心の傷が、ハグをすることでゆっくりとほどけていく。

しばらくすると、僕は泣きじゃくっていた。

「大丈夫だよ」という言葉が、いつしか「ごめんね」に変わった。

「ごめんね。ごめんね。『死ね』なんて言って本当にごめんね」

「よく頑張ってきたよ。必死にやってきたね」

「会社からよく逃げたね。逃げたことは恥ずかしいことじゃないよ」

「自分を大切にしたんだよ。君は勇気を出したんだ！」

そう。僕は病気になったことを、心のどこかで現実から「逃げた」と感じていたのだ。

ずっと「逃げちゃダメだ」と言い聞かせて頑張ってきた。

でも、僕は現実から逃げた。

そのことで自分で自分を許せていなかった。

もう自分を許そうと思った。

だって、あのまま続けていたら、間違いなく電車に飛び込んで死んでいたから。

逃げてよかった。逃げてよかったんだ。

いや、逃げたというより、**「会社」よりも「自分の人生」を優先したのだ。**それは誇らしいことじゃないか。もう許そう。

僕は何ともいえない心地よさの中に浸っていた。ああ、幸せだ。自分をハグするってなんて気持ちがいいんだろう。最初はちょっと気持ちが悪いと思ったけれども、やってみるとこんなに優しい気持ちになれるなんて思ってもみなかった。僕はほわほわとした気分のまま、しばらくベッドに横たわっていた。

気がつくと、もう朝だった。「ハグマイセルフ」をしていたら、そのまま寝てしまったようだ。朝日がまぶしくて心地よい。

僕は自宅に帰ることにした。もう2週間も関西に滞在してしまった。こんなに家を空けたことは今までない。いくらリハビリのためとはいえ、家族も心配している。僕もそろそろ子どもの顔が見たくなった。チェックアウトを済ませ、僕は京都駅へ向かった。

第6章

おばちゃんは龍神さまの使い

3時間の新幹線の旅を終えると、僕は東京駅のホームに降りた。

ふう、久々の関東だ。


「マサユキ……くん？」

誰かが僕に声をかけた。

振り向くと、そこには見覚えのある人が立っていた。

「マサユキくんよね？」

あまりの衝撃に、僕の時間が止まった。

新幹線ホームの真ん中で身動きがとれない。

なんでこんな場所で会うのだろう？

東京駅だぞ、ここは。

僕たちが通っていた小学校は千葉の田舎なのに。

こんな都会で出会うなんて。


「久しぶりだね、マサユキくん」

大きな瞳にきれいな栗色の髪の毛。

色白の肌に少しふっくらした顔立ち。

そして、天使のような優しい笑顔。

彼女は何も変わっていなかった。

小学生のときに好きだった彼女が、少しだけ背が高くなって僕の目の前にたたずんでいる。


「……あ……サキちゃん……どうして……？」

「うん、出張で京都に行ってて今帰ってきたの。マサユキくんは？」

「ああ……うん……同じようなものかな」

初恋の人を前に「うつ病になってパワスポ巡りしてました」だなんて言えない。

「それにしても奇遇《きぐう》ね。こんなところで会うなんてね。マサユキくん」

「そ……そうだね。あはは……」

「またどこかで会えたらいいね。じゃあ、私行くね。バイバーイ♬」

「あ……うん、また……ね……」

そう言うが早いか、彼女は東京駅の人の群れの中にさっそうと消えていった。


彼女の名前は小島サキ。

僕が小学校3年生から6年生まで好きだった女の子。いわゆる初恋の人だ。クラスのマドンナ的な存在で、僕は彼女を遠くから眺めるしかなかった。

ただ、一度だけ彼女に想いを伝えるチャンスがあった。地元の花火大会で僕が花火を見ていると、隣にサキちゃんがやってきて、

「花火、きれいだね」

と話しかけてくれたのだ。

周りに人はいなかった。

夏空にまたたく大輪の花火を、僕とサキちゃんは二人っきりで見上げていた。

告白するのは今しかなかった。

正直、花火などまったく目に入らなかった。どう切り出すかということだけが僕の

頭の中をぐるぐるとフル回転する。しかし言い出せないままに、最後の一発を華々しく打ち上げて、花火大会は終了してしまった。
「じゃあ、私行くね。バイバーイ♬」
と言って帰っていく彼女の背中がまだ脳裏に焼きついている。

想いを伝えるチャンスがあったのに、伝えることができなかった悔しさ。少年時代の想い出は、いまだに心の奥でヒリついたまま残っている。**あの出来事から僕は、急に自分に自信がなくなってしまったように思う。あのときから僕は、僕のことが嫌いになってしまった。**

だから、大人になった今でも、あのときの気持ちを彼女に伝えることができたらと思うことがある。もちろん、僕は妻子を持つ身だ。彼女とこれから恋愛関係を築こうなんて気持ちはまったくない。

ただ、彼女に想いを伝えることができたら、心の中のヒリつきやモヤつきを〝成《じょう》仏《ぶつ》〟させられるのではないか……。胸の中でドロドロに発酵してしまったこの想いを成仏させるタイミングが、まさに今、東京駅の新幹線ホームのど真ん中で僕に訪れたというのに……。


なのになぜ、僕は……。

ああ！　なんで、

「よかったらお茶でもしない？」

くらいのことが言えなかったんだろう！

どうして、彼女ともっと話すことができなかったんだろう？

バカバカ！　僕のバカ！

意気地がないのは小学生のころからまったく変わんないじゃないか！　くそぅ……。

僕は自分のふがいなさに腹が立った。

そして、胸の中のヒリつきやモヤつきがさらに発酵して、2倍に膨れ上がったような気がした。

龍の知恵6「『流れ』が来たら『えいっ！』と乗る」

「よかったじゃないか」

「何がですか！　僕はなんてダメ男なんだ！　うぅぅぅ……」

「いやいや、そう言うなって。よく考えてみなよ」

「何を考えろっていうんですか！　ヘンなこと言ったらコハクさんでも容赦しませんよっ！　今の僕は荒れに荒れてるんですからねっ！」

「まあまあ、落ち着きなさい。冷静に考えて、初恋の人と東京駅のホームで出会う確率ってどのくらいかわかるかい？」

「わかるわけないでしょ！　わかってるのは僕が意気地なしってことだけですよ！」

「すごい確率だと思わないか。こんなことはめったにないことだ。君に今奇跡が起こってるんだよ」

「奇跡なんか……え？　奇跡!?」

「私は前回のレッスンで、『龍神と同じことをする』とシンクロニシティが多発するようになるって言ったね。そして、君は私の言ったことをきちんと実践したんだろう。だから、信じられないような奇跡が起こってるんだよ」

「そうなんですね」

「君がどんなに頑張っても、初恋の人を新幹線ホームに連れてくることはできないだろう。もうすでに君は大きなチカラの中にいるのだ。今君は龍神のチカラを活用できつつある」

「でも、なんていうのか……もう少し彼女と話したかった」

「そう、そこなんだ。いいかい。今日の『龍の知恵』だ。『龍』とは『流』。**すなわち、『龍』のエネルギーとは『流れ』のエネルギーなのだ。**龍神はチャンスや幸運を運んで君のもとに流れを起こす。でもね、君がぼーーっとしてたら、その幸運の流れはたちどころに消えてしまうだろう。多くの人に龍（流れ）は訪れているのだけど、みんな龍（流れ）に乗ろうとしないのだよ」

「なるほど」

「自分のところに流れが来たと思ったら、えいっ！ってその流れに乗るんだよ。躊躇《ちゅうちょ》してはいけない。来た！っと思ったら、何も考えずに、えい！って乗る。これが

『龍の背中に乗る方法』だよ」

「ああ、確かに、僕はたくさんのことを躊躇してきました」

「うん、**君は心配しすぎなんだ。ああなったらどうしよう、こうなったらどうしよう。そうやって考えているうちに、龍は君以外の人のもとに飛んでいってしまうんだよ**」

「サキちゃんが目の前に来たときも、上手くしゃべろうとかそんなことばっかり考えていました」

「そうだろう？　後先考えないで、ドン！っと一歩踏み出すことが人生を大きく変えるんだ」

「はい。今回のことで痛いほど理解ができます。サキちゃんにひと言『お茶でもしない？』って聞けたら、僕は長年のこのヒリつきから抜け出すことができたかもしれないのに」

「まあ、お茶したからといって、君が想いを伝えられるとは思えないけどねぇ」

「なぁんてこと言うんですか、コハクさん！　コハクさんが龍だからといって容赦しませんよ！　まだ僕の心はくすぶってんですからぁああ！」

「あははは、ごめんごめん。ちょとからかってみたくなっただけだよ」

「もーーーう。人のこと、なんだと思ってるんですか」

「まあ、とにかく、次からなんらかの『チャンス』や『幸運』が来たら、『えいっ！』って飛びつくようにしなさい。往々にして**『やった後悔』というのは人間の心にはあまり残らないものだ。それよりも『やらなかった後悔』はずっと続く。**今の君がそうだろう？　花火大会で告白しなかった後悔を、君は何年持ち続けているのだ？『やらなかった後悔』を、君は何年握りしめているのだ？　後悔したくなかったら、後先のことは考えずに勇気を出して、目の前にやってきた『龍』にダイブするのだ」

「わかりました。確かにいい年して初恋だ、どうのこうのって恥ずかしいですね」

「いいんだよ。幼いころの体験は何歳になっても大きく影響するものさ」

「そうですよね、みんな何かしら持ってますよね」

「そうだ、では次の『龍の知恵』を君に授けよう」

「はい、よろしくお願いします」

龍の知恵７「愛を分かち合う」

「７つ目の知恵は『愛を分かち合うこと』だ」

「愛を分かち合う？」

「そうだ。君がこれから自分の人生を創っていくためにとても必要なことを言うよ」


そう言うと、コハクさんはまた紙とペンを取り出した。


「いいかい。この世界はテレビと同じなんだ」

「テレビと同じ？」

「そう、テレビと同じだ。たとえば君が８チャンネルを見たいと思うとするだろう？実は人間の目には見えないけど、この空気中には８チャンネルの電波が漂っていて、この電波をテレビが引き込むと８チャンネルが画面に映る。テレビはそういう仕組みをしているんだ」

「はあ、なるほど」

「ただ、テレビは何もしないで8チャンネルの電波をテレビに引き込むことはできない。テレビはまず自ら8チャンネルの電波を『引き込む用の電波』を飛ばす。そして、空気中の8チャンネル電波をキャッチして引き込むんだ。わかるかな？」

「はい、わかります」

「君たちの生きている人間世界もこの原理とまったく同じことが言える。君たちの世界には、目に見えないけれども『幸せチャンネル』と『不幸チャンネル』の電波が空気中を漂っている」

「なるほど」

「だから、もし君が幸せな人生を創りたいと思えば、『幸せチャンネル』を見ればいいし、不幸な人生を創りたいと思えば、『不幸チャンネル』を見ればいい。君はどちらがお望みかな？」

「もちろん、『幸せチャンネル』です！」

「そうだよね。君が『幸せチャンネル』を見たいのであれば、さっきのテレビの原理で言えば、君は何をしなくてはいけないかな？」

「『幸せチャンネル』を引き込む電波を飛ばすことですか？」

「そう！　その通り！　さすがだね！」

「でも『幸せチャンネル』を引き込む電波ってどうやったら飛ばせるんですか？」

「うん、それはね、『愛』だよ」

「『愛』？　ですか？」

「そうだ、『愛』だ。**『愛』は君たち人間が持っているエネルギーの中で最もパワフルなエネルギーだ。**君が『愛』を出せば出すほど、君の目の前の現実は『幸せチャンネル』が映るだろう。もし君が『恐れ・不安・脅迫』のエネルギーを出せば出すほど、君の目の前の現実は『不幸チャンネル』が映るんだ」

「なるほど、ちょっとまだよくわからないけど、僕は『愛』を出せばいいんですね」

「そう、そう、その通り」

「ではどうやって『愛』を出せばいいんですか？」

「それはとても簡単だ。他の人が喜ぶようなことをするんだ。そして、その人数が多ければ多いほどいい。算数の公式のように書くとこういう感じになる」

幸せな現実 ＝ 君の愛 × 届いた人数

「なるほど、多くの人に僕の愛を届けるといいんですね」

「うん、そういうことだね」

「ただ、愛って言葉はなんだか恥ずかしいな。ちょっとウソっぽいというか、言いはばかれる言葉です」

「そう、ここにまた一つの真実がある。多くの人は愛を与えたいと思っている。なのに、愛を表現しない。また、多くの人は愛が欲しいと思っている。なのに、愛を拒否してしまう。不思議だと思わないか？」

「うーん、確かにそうですね」

「**君たち人間には、一種の『黒魔術』みたいなものがかかっていてね。見ているものや感じるものを、ねじ曲げてしまう性質があるんだ。**この『自分が創り出す矛盾』みたいなものが、人生をドラマチックにしたり、面白くしたりしてくれる。でも、そのねじ曲がった目線で物事を見てしまうと、ときに『本当のこと』は捉えられなくなってしまうんだよ」

「うーん、なんだか難しくなってきました」

「そうだね。つまりは簡単に言えば、**君が愛を与えたいのであれば、恥ずかしがらずシンプルに自分がこれが愛だと思うことを、自分以外の人に与えればいい、ということだ**」

「なるほど、シンプルに考えるんですね。最初の教えの『ポンコツになれ』にも通じますね。あまり難しく考えないで、子どものような心で物事を見る」

「そう、そういうことだ」

「わかりました。でも、愛を分かち合うには、どうすればいいんだろう？」

「先ほどの『龍の知恵』で自分を愛しただろう？　そうやって、**自分を愛し満たしていくと、自然にその愛を誰かにあげたくなるんだよ。**ムリに与えようとしないで、自然に任せて分かち合えばいい」

「なるほど。自然に分かち合いたくなったときにそうするんですね」

「そうだ。ムリに与えようとすると、相手から見返りを求めようと思ってしまう。これでは、愛を分かち合うのではなく、愛の『駆け引き』になってしまうからね。コップの水でたとえるとしようか。まず自分のことを愛し満たす。コップの水を満杯にする。コップからあふれた分を誰かと分かち合う。そんなイメージだ」

「なるほど。でも、もうちょっと具体的なヒントが欲しいです」

「そうだね。たとえば、君の身の回りに愛をたくさん分かち合っている人はいないだろうか？」

「そうですね。僕が神社を巡るきっかけになった九頭龍平八さんという作家さんがいるんですが、その人は、本を通じて神さまの知識を伝えることで、たくさんの人を喜ばせていると思います」

「なるほどね。君は本は出せるかな？」

「うーーん、出版社にコネもありませんし、原稿もありませんから、すぐにはムリですね」

「では、他には方法はないだろうか？」

「そうですね、ブログならできるかもしれません」

「なるほど。インターネットに君の文章を載せて愛を届けるんだね」

「はい。コハクさんとのやりとりや、僕の実践の過程を書いたら、たくさんの人が喜んでくれるのではないかなと思います」

「なるほど、それはいいアイデアだ」

「コハクさんから教えてもらったことを、ブログに書いてもいいでしょうか？」

「もちろんだよ。最初に言っただろう？　たくさんの人に伝えてほしいって」

「そう、そうなんです。前からちょっと思っていたんです。ブログを書いてコハクさんの知恵を、リアルタイムに伝えていったら面白いだろうなって」

「よし！　じゃあ決まりだ！　目が覚めたらすぐに始めるんだよ」

「はい、わかりました」

「文章を書くときはできるだけ、読んでくれている人に自分の愛のエネルギーを届けるようにするんだ。**文章が上手いとか下手《へた》は気にしてはいけない。君のハートそのままに書くんだ。**そうすると、きっと読む人が増えてくる。すると、自分の目に見えている風景がだんだんと変わってくると思うよ」

「なるほど。愛のエネルギーを、読んでいる人に飛ばすイメージで書くんですね」

「そう、その通りだ。じゃあ、今日はここまでにしよう」

「はい、わかりました」

「では、また夢で会うとしよう」

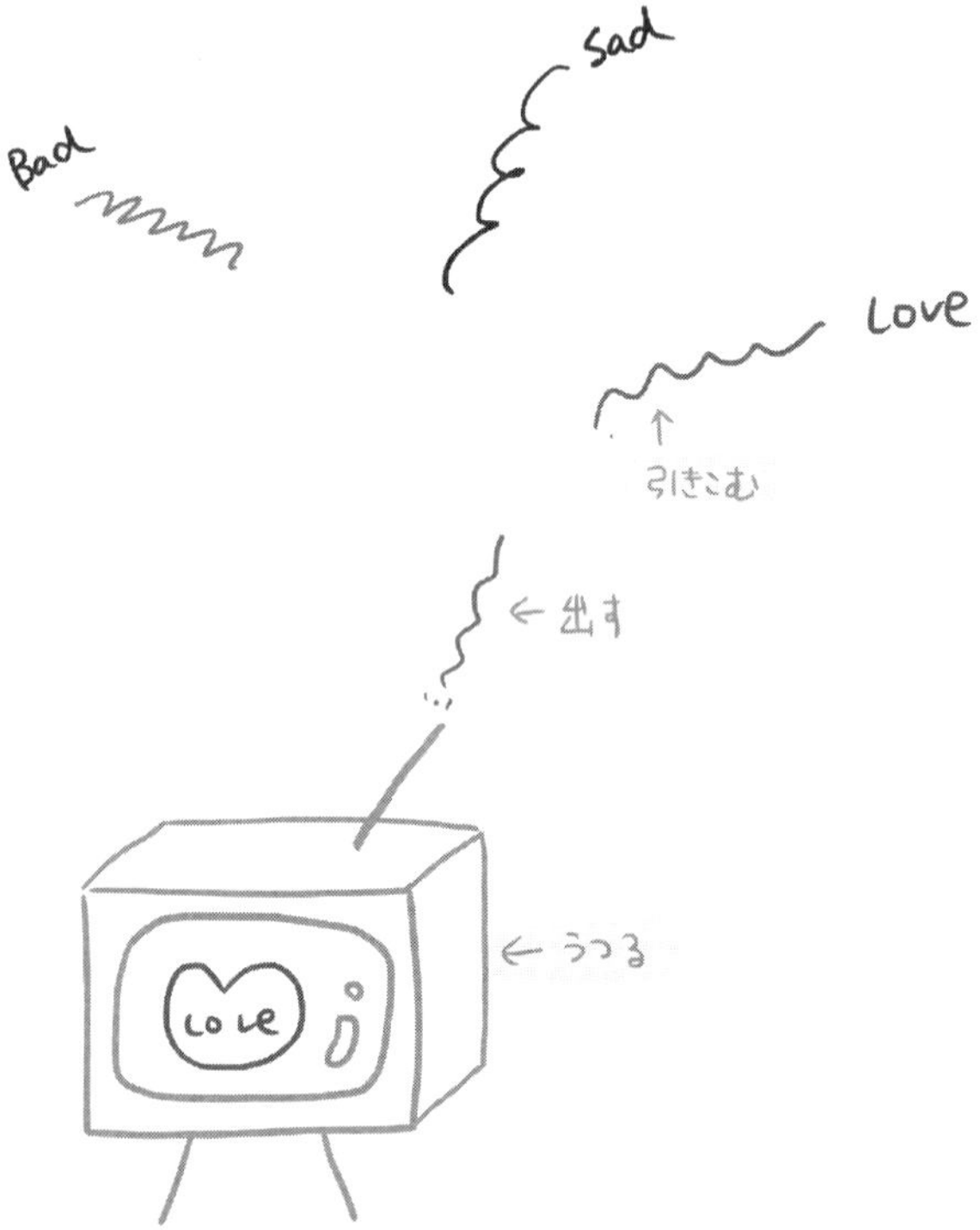
Bad
Sad
Love
引きこむ
出す
うつる
love

「また夢で会いましょう」

翌朝、僕は目が覚めると、さっそくパソコンを開いた。以前、趣味でブログを書いていたことがあるので、新しいブログを立ち上げることはさほど難しくなかった。

さあ、ブログのタイトルは何にしよう？　迷った挙句、僕はコハクさんが言った言葉を、そのままタイトルにすることにした。

ブログタイトル：『Dragon is my uncle. ～龍神さまは親戚のおじさん～』

1日目：はじめまして。僕はマサユキと言います。14年間サラリーマンをやっていましたが、強い心身疲労により心の病を患ってしまいました。九頭龍平八教授の本に出会い、心のリハビリを兼ねて神社巡りをしていたら、ある日、高野山の奥之院で「龍」を見てしまいました。そして、その日から夢に「龍」が現れるようになりました。

僕はその「龍」を「コハクさん」と呼んでいて、龍さんから「他力」という

「見えない世界」のチカラを使って、現実を変えていく方法を教えてもらっています。このブログはコハクさんから教えてもらった「龍の知恵」の記録と、僕マサユキの実践記です。

僕はコハクさんから教えてもらったことや、自分の実践を毎日、毎日ブログに書き綴っていった。コハクさんとの対話、シンクロニシティの話、大原での「197（いくな）」のエピソードなどを書くと、たくさんのコメントがついた。

〝龍が親戚のおじさんだなんておもしろい！〟
〝わたしも「キョロキョロ」やってみます！〟
〝マサユキ、マジウケるｗ〟

毎回毎回、ハートから愛が放出して、その愛が読み手に届くようなイメージでブログを書いていった。すると、コハクさんとの会話が面白かったのか、瞬く間に僕のブログは人気を集めるようになっていった。

「リアルな場でお会いしたいです！」

という読者の方のコメントに応える形で、「龍のお噺会《はなし》」というイベントを開始。ブログで告知すると10人の定員がすぐにいっぱいになった。

「名古屋に来てください！」

「大阪にもお願いします！」

こうした声に応え、地方でも「龍のお話会」を開催した。毎回、満員御礼で、中には立ち見が出る会もあった。僕は、こんなにも「龍」や「見えない世界」に興味がある人がいることに心底驚いた。

ブログの良い点は、僕からの一方通行の情報発信だけではなく、読者からのコメントを通じて双方向のコミュニケーションができることだった。

ある日のブログに

「三峯《みつみね》神社には龍がいますよ」

というコメントをもらった。

調べてみると埼玉県秩父市にある「三峯神社」には、水をかけると「龍」に見える石畳があるという。そこは神聖な気（ご神気）があふれる場所とのことで、パワースポットとして近年大注目されているらしい。テレビの取材もよくあるそうだ。パワースポット巡りが大好きな僕にとって、こういう情報は大変にありがたい。もちろん、三峯神社にも行ってみることにした。

あれ？
いつからスピリチュアルに抵抗がなくなってるんだ？
結構苦手だったのに……
ま、いっか。楽しいから。

三峯神社は、僕の家からは電車で片道4時間かかる距離にある。東京駅で山手線に乗り換えて池袋駅に向かう際、乗り換え口に向かう駅のホームで、僕は再び聞き覚えのある声を耳にした。

「マサユキ……くん？」

え？

目を疑った。

またもやサキちゃんが東京駅の構内に立っていた。

「すっごーーい！　また会っちゃったねーーー！」

絶句。２回もこんな偶然があっていいのだろうか。相変わらずの天使のような笑顔に見とれながら、またもや「流れ」を作ってくれた龍神さまに感謝した。

龍神さまありがとう！　スタンプポンッ！

「う……うん！　すごい偶然だね！　はは……ははは……」

「マサユキくん、今日はどこに行くの？」

「えっと、秩父にある三峯神社っていうところに行くんだ」

「へーーーぇ、秩父まで行くんだ。すごいね、遠いね」

「サキちゃんは？」

「私は一人でお散歩。まだどこに行くか決めてなくて、映画でも見ようかなって」

「そうなんだ（だったら、お茶でもどう？）」

「うん、そう」

「ひとりで散歩すること結構あるの？（なんなら三峰に一緒に行く？）」

「うん！　結構あるよ！　ひとりって結構楽しいんだよね、気楽で」

「そっか、休日を楽しんでね（三峰行っちゃう？　三峰行っちゃ……）」

「うん、ありがとう！　また会えるといいね。バイバーーイ♬」


おおおおおおおおおおおおおおぉぉぉおぉぉぉぉおぉぃ！

何してんだよ、オレェェェェ！！

バカか？　バカなのか⁇

2回も初恋の人とバッタリって、こんなことあるわけねえだろうがっ！

これが、コハクさんが言ってた「流れ」が来てるってヤツなんだぞ？
今、龍が「流れ」を持って、目の前を通り過ぎてんだぞ⁉
わかってんだろ？
「えいっ！」て乗らなきゃダメだろうが！
なにやってんだよぉぉぉお！　バカぁぁあああああ！
あーあ。自分にガッカリだ。
本当にガッカリだ。
結局、僕は「流れ」が来ても、それをムダにしてしまうダメな男なのだ。
龍神さまがどれだけ愛してくれても、どれだけ「流れ」を作ってくれても、僕には
勇気がない。
結局、そうなのだ。
意気地なしには自分の人生を変える力はないのだ……。

いや……。
ちょっと待て……。

違うだろう、僕……。
「龍の知恵」を思い出せ。
確かに上手くできなかった。
サキちゃんに子どものころの想いを伝えることはできなかった。
でも……でもだよ。
「流れ」が来たじゃないか。
それだけですごいことだよ。
僕は「流れ」を起こしたんだ。
スタンプポンッ！　ってやり続けてるから、ちゃんと龍が「流れ」を運んできたんだ。
僕はよくやってる。
僕はよくやってるよ。
大丈夫、大丈夫。
よくやってるよ。

僕は自分を責める気持ちをいったん緩め、とっさに「龍神と同じこと」をし始めた。

ポンコツでいい。

ポンコツでいいんだよ。

自分を責めることなんて簡単だ。

でも、こういう自分を責めたくなるような状況において、瞬間に自分が望む方向に意識を切り替えられるか。

これが大切なことのような気がする。

僕は山手線の椅子に揺られながら、前に立っている40代前半の男性サラリーマンにバレないように、一人「ハグマイセルフ」をして自分に愛の意識を送り続けた。

ちょっと泣けた。

ピコーン！

スマホにメールが届いた。誰からだろう⁇

表題：講演会ご登壇の依頼について

お世話になります。

ラブ&トゥルーの小田原と申します。

突然のメールを失礼いたします。

私どもは心理学講座やスピリチュアル講座を運営する会社です。

私、小田原は弊社の神戸支社の支社長を務めさせていただいております。

私どもは定期的に各分野で活躍されるゲストを講師にお招きして心理学とスピリチュアリズムに新たな発見をするという「ラブ&トゥルーディスカバリー」という講演会を開催しております。

このたび、ぜひマサユキ先生に出演していただきたくご提案させていただきます。

マサユキ先生のブログをいつも面白く拝読しております。

コハクさんとの対話は大変楽しく、また、マサユキ先生ご自身が宇宙に身をゆだね、インスピレーションを研ぎ澄まし、どんどんスピリチュアルに開花されていく様は、これからの一つの自由な生き方を体現されている方として大変タマシイに響いてくるものがあります。


親しみやすく面白くスピリチュアルな世界を伝えられている発信者としての在り方にも大変共感させられます。ぜひマサユキ先生に「ラブ&トゥルーディスカバリー」に講師としておいでいただきたいと考えました。

ぜひ、神戸でのご登壇をお願いしたい所存です。

なお、弊社は『サクセスしているパーソンはなぜ神社にゴーするのか』の著者でシリーズ累計30万部超発行のベストセラー作家、九頭龍平八教授をはじめとする時代をリードする素晴らしい先生方の講演会を主催させていただいております。

マサユキ先生をより多くの方に知っていただき、先生の魅力や素晴らしさに触れていただき、ご一緒に楽しくためになる時間を創造できれば幸いです。
以上、ご検討のほど、よろしくお願い申し上げます。

ラブ&トゥルー合同会社　神戸支社長　小田原智美

⛩

なんだって？　企業からオファーが来たぞ！　単なるブロガーに講師依頼だなんて。
そんなことある⁇
しかも、マサユキ〝先生〟って……。先生ってガラじゃないよ、僕。
しかもしかも、九頭龍教授が登壇している会社だって！
これは、ひょっとしたら九頭龍教授とお近づきになれるかもしれない！

いや、ちょっと待てよ……。こういうのってウラがあるんじゃないか？　だまされてるんじゃないか？　だって、ありえんでしょ？　僕に講師依頼なんて。

ひょっとしたら、バックに宗教法人がいて……

この話受けたら入会させられて……

挙句の果てには壺を買わされて……

壺買うの断ったらドラム缶に入れられて……

コンクリートで固められて……

東京湾に沈められる……

なんてこともあるかもしれない……


電車が終点の西武秩父駅に到着し、三峯神社行きのバスに乗り換える。僕はバスの中で「ラブ&トゥルー」と検索してみた。

会社の概要ホームページが出てきた。確かに心理学やスピリチュアルの講座をたくさん行なっているようだ。しかし、ちょっとよくわからない。本当に信用できる会社なのだろうか？

たぶん、これは「流れ」だ。だから「えいっ！」って乗る必要があるんだろう。でも、本当に乗っていいのだろうか？　大丈夫なのだろうか？　ああ～……こうやってまたチャンスを逃すんだろうか？　でも心配だなあ……。

不安と期待が入り混じった気持ちであれこれ思案している間に、バスは終点の三峯神社に到着した。

三峯神社は標高の高い山の上にある。バスを降りるとものすごい霧だ。前方は手前5メートルくらいしか見えない。バス停から標識を頼りに坂道を登っていくと、大きな鳥居が目に入った。僕はその鳥居の前で一礼すると坂道を上がって本殿へ向かった。

本殿の前に大変立派なご神木が2本、参道を挟むようにして生えている。この木に触れるとパワーをもらえるらしい。僕はそっとご神木に手を添え、静かに目をつぶった。確かに手から何かが入ってくる感覚がある。気のせいかも……？　はもう卒業した。これがご神木のエネルギーだということはもう理解している。生命の根源から湧き出るようなエネルギー。僕にも流れているこの生命エネルギー。僕はご神木に触れながら、そのエネルギーを感じることで、ご神木と一つになっていた。

拝殿の前に例の龍の石畳がある。水をかけると龍が浮き出てくるという石畳。僕が水をかけるまでもなく、僕の前の参拝客が水をかけた後だったので、石畳は青黒く濡れている。本当だ。赤い目をした黒い龍がこちらを見ている。三峯神社自体はずっとずっと昔から存在するそうなのだが、この龍が浮き出てきたのは最近のことらしい。なんだか、この龍と目が合っている気持ちがして不思議な気分になった。

お参りを終え、少し休憩をしようと、一度境内の外に出てお茶屋さんに入った。店の名前は「山麓亭《さんろくてい》」。お！　店の前に駐車している車のナンバーが2台とも「36（さんろく）」だ！　スタンプポンッ！

名物の「いも田楽」を頼んで店内を見回すと、山々を見下ろす位置にベンチがあるのが目に入った。あそこに腰をおろしたら、さぞかし気持ちがいいだろう。

…………

さっきから強い視線を感じる。

視線の主は、初老の女性の一人客だった。一人で所在ないのか、話し相手を求めている様子が痛いほど伝わってくる。

旅先で出会った人と話をするのは嫌いではないけど、今はそういう気分ではない。今は田楽を食べながら、三峯神社で得たエネルギーが全身に行き渡るのを感じていたいのだが……。

「おにぃちゃん！」

ひぃっ！　やっぱり話しかけられたっ！

「おにぃちゃん、ここにお茶があるから飲みなよぉぅ！　こっち座って飲みなよぉう！」

ここまではっきり「来い」と言われたら、断るわけにはいかない。僕はしぶしぶ彼女の横に腰をおろした。

「あの、おにぃちゃん、ヘンなこと聞きますけどねぇ」

「はい……なんでしょう？」

「なんでこの茶店は、こんなにフクロウの置物を売ってるんですかね？」

「え？」

「お店の中はフクロウばっかりですからね。なんでなんだろう～って思いましてね」

　店内に目をやると、彼女の言う通り、フクロウの人形や木彫りのフクロウの置物がたくさん置いてある。僕はテレビのワイドショーか何かで見聞きした情報を、そのままおばさんに伝えた。

「えっと……諸説あるみたいですけど、フクロウは『不苦労』に通じるみたいです。だからフクロウの置物を置いておくと、苦労なく元気で明るく過ごせるっていうことじゃないですかね」

「あぁ～そうなんかぁ～それはいいことを聞いた。ありがとう、ありがとう、ありがとう。孫にも教えてあげよう。ありがとう。ありがとう」

　そんなことで何度もお礼を言われ、僕は恐縮してしまった。

「おにいちゃんはどこから来たのですかね？」

「僕は千葉に住んでます」

「ああ、千葉ですか？　それはそれは」

「あなたはどこに住んでるんですか？」

「私は神戸なんですよ」

「神戸！　わざわざ神戸からこの埼玉の山奥まで来たんですか？」

「まあ、三峯さんが好きなんでねえ。年に何回か来てるんですよ」

「へえ〜そうなんですか。それにしても遠いですね」

「そうだねえ。遠いねえ」

このなんでもない会話が、後に僕の人生を大きく変えることになった。

そして彼女は、結果として僕の大恩人となったのだ！


神戸でのトークイベントには30名ほどのお客さんが集まった。

今まで開催したイベントで一番参加者が多かった。お客さんはみな、僕のブログを見て、会いたいと思っていてくれた人たちだった。コハクさんとの出会いや「龍の知恵」の活用方法などを、愛を込めてみなさんにお伝えした。

その結果、トークイベントは大成功！　随所で笑いが起きる一方で、感動のあまり泣き出す人も少なくなかった。僕の話を聞いて涙を流す人がいるなんて……。本当に信じられない光景だった。

主催の「ラブ&トゥルー」様にも大変に喜んでいただいた。前の晩は美味しいお料理をごちそうになった後にカラオケで大盛り上がり。その勢いでイベントも大成功。実に幸せな時間を過ごすことができた。

そう、僕は結局、「ラブ&トゥルー」さんのオファーを受けたのだ。

あんなに心配していたのに、なぜ受けたのか？

それは、あの「フクロウおばさん」に出会ったからだ。

「フクロウおばさん」は神戸から来ていた。「ラブ&トゥルー」さんのイベントも神戸。

これは、ただの偶然とは思えない。

まさにコハクさんから教えてもらった「シンクロニシティ」で、「神戸の講師依頼を受けるとよい」という龍神さまからのゴーサインだった。

そして、その龍神さまのゴーサインを受け取り、行動に移した結果、こんなにも素晴らしい時間を楽しむことができたのだ。


しかも、これだけではない。

さらに驚くことが起こった！

なんと、なんと！……

ラブ&トゥルーさんが、あの『神ゴー』の著者、九頭龍平八教授を僕にご紹介してくれることになったのだ！

やった！

あこがれのあの人に会える！

僕はもう有頂天だった。


これは、ぜーーーんぶ「フクロウおばさん」のおかげ！

ありがとう！　フクロウおばさん！

ありがとう！　龍神さま！

龍の知恵8「肉眼で龍やオーラを見る」

「だんだん、わかってきたようだね」

「はい、身をもって理解できました」

「そう、君の言う通り、この出来事は龍神からのサインだ。そして、その『フクロウおばさん』は龍神の使いなんだよ」

「龍神の使いですか！　あはは〜あはははははは〜〜」

「どうしたんだい？　なんだか今日はやけに上機嫌だね」

「だって、コハクさん聞いてください！　あの九頭龍平八教授と今度、赤坂でお茶することになったんですよ！　いまだに信じられません！」

「それは良かったたね。でもね、マサユキ。これらのことは、今までだって君の身に起きていたんだ」

「どういうことですか？」

「君は今までだって、外出先でおばさんに話しかけられたことくらいあっただろう？」

「はい、ありました」

「今回だって、ただおばさんに話しかけられただけだ。今までとなんら変わったことはない」

「そうですね」

「何が違うと思う？」

「僕が変わったんですかね」

「そうだ。君が龍神からのサインをキャッチできるようになってきたということだ。龍神はずっとそうやって君に使いを出していたんだよ。今までもずっと、ずっとね。そして、私のレクチャーを通じて、ようやく龍神からのサインをキャッチできるようになった。世界が変わったのではなく、君が変わったんだ。**世界は愛にあふれていたのに、君が愛を受け取ってこなかっただけなんだよ**」

「はい、よくわかります」

「人は奇跡なんか起きない、自分にいいことなんか起こらないというけどね。みんな

『大きなこと』を期待しすぎなんだ。宝くじが当たるとか、王子様が白馬に乗ってくるとか。もちろんそういうことが起こらないでもないけれど、こうやって**『おばさんに話しかけられる』という日常の些細なことが、神さまからの愛情だったりするのだ。**

それをよく覚えておきなさい」

「はい、今ではよくわかります」

「では、今日のレッスンへと移ろう」

「よろしくお願いします」

「君は高野山で龍を見たね」

「はい、見ました。それから貴船神社でも」

「それ以降、何か龍が見えたりすることはあるかね」

「いえ、ありません。見えるのは『事故』みたいな感じです。突然現れるというか」

「つまり君は、龍が見えたことはあるが、それを意図的にコントロールはできていないということだね」

「はい、そうです」

「それを意図的にやろうというのが、今回のレッスンだ」

「うわあ！　本当にそんなことができるんですか？」

「できるさ。でも、その話に入る前に、まず龍の種類について伝えておこう。高野山で君が見た龍は、高野山という『場』にいる龍だ。いわば『自然龍』と言えよう。そして、人に憑《つ》いて、その人を守護している龍もいる。いわば『守護龍』だ。人には誰にでも守護龍が憑いている」

「ん？　ということは僕にも守護龍が憑いているということでしょうか？」

「そうだ、誰にでもだ。君は神さまの数え方を知っているかな？」

「確か『柱《はしら》』と数えるのでは」

「そうだ、その通り。龍も神さまだから『柱』と数える。人間一人につき必ず一柱は龍が憑いているんだ」

「そうなんですか？」

「そうだ。一柱でなく、二柱、三柱と複数憑いている人もいる」

「ひぇええ！　そんなにたくさん！」

「その龍を見るにはまず、基本的な『目の使い方』を知る必要がある」

「そうなんですね」

「君は『３Ｄステレオグラム画像』というのを知っているか？」

「はい、あの飛び出る絵ですよね。目がよくなるとかいう……」

「君はあの画像を見たことがあるかな？」

「はい、目の焦点をずらすと画像が立体的に飛び出てきました」

「そう、あの目の使い方をするんだ」

「なんかぼーーーっと見る感じですか」

「そう、ぼーっと見る感じ。見るようで見ない。見ないようで見る。これが『見えない世界を見る』目の使い方だ」

「そういう目の使い方をすると、龍が見えるようになるんですか？」

「見えるさ。ただ、これには慣れが必要だし、人によっては得意不得意もある」

「そうなんですね」

「そうだ。『見えない世界』を『音』や『声』でキャッチする人もいれば、『匂い』でキャッチする人もいる。そして、目で『見える』人もいる。どの五感が使えるかは、その人のタイプ次第だ」

「じゃあ、僕も常に目で見えるかどうかはわからないんですね」

「そうだ、やってみないとわからない。ただ、誰でもオーラくらいなら見えるようになるよ」

「オーラってあの霊能者さんが見て、色がどうとかそういうヤツですよね」

「そうだ。人は肉体の外にエネルギー体というものが存在してね。アストラル体やエーテル体、そういうふうに呼ぶ人もいるが、まあ君にはまだそれらを含めて、オーラと言ったほうがいいだろうね」

「ぜひ、オーラを見る方法を教えてください」

「まずは少し暗めの部屋に入る。**そして、さっき言った『ステレオグラムの目』をして、自分の手を見るんだ。ぼーーーっとね**」

「はい、今やっています」

「すると、手の周りにぼんやりと白く光る『もや』のようなものが見えると思う。それがオーラだ」

「あ！　これですか！」

「そうだ、それだ」

「色は白いですね。僕のオーラは白ということですか？」

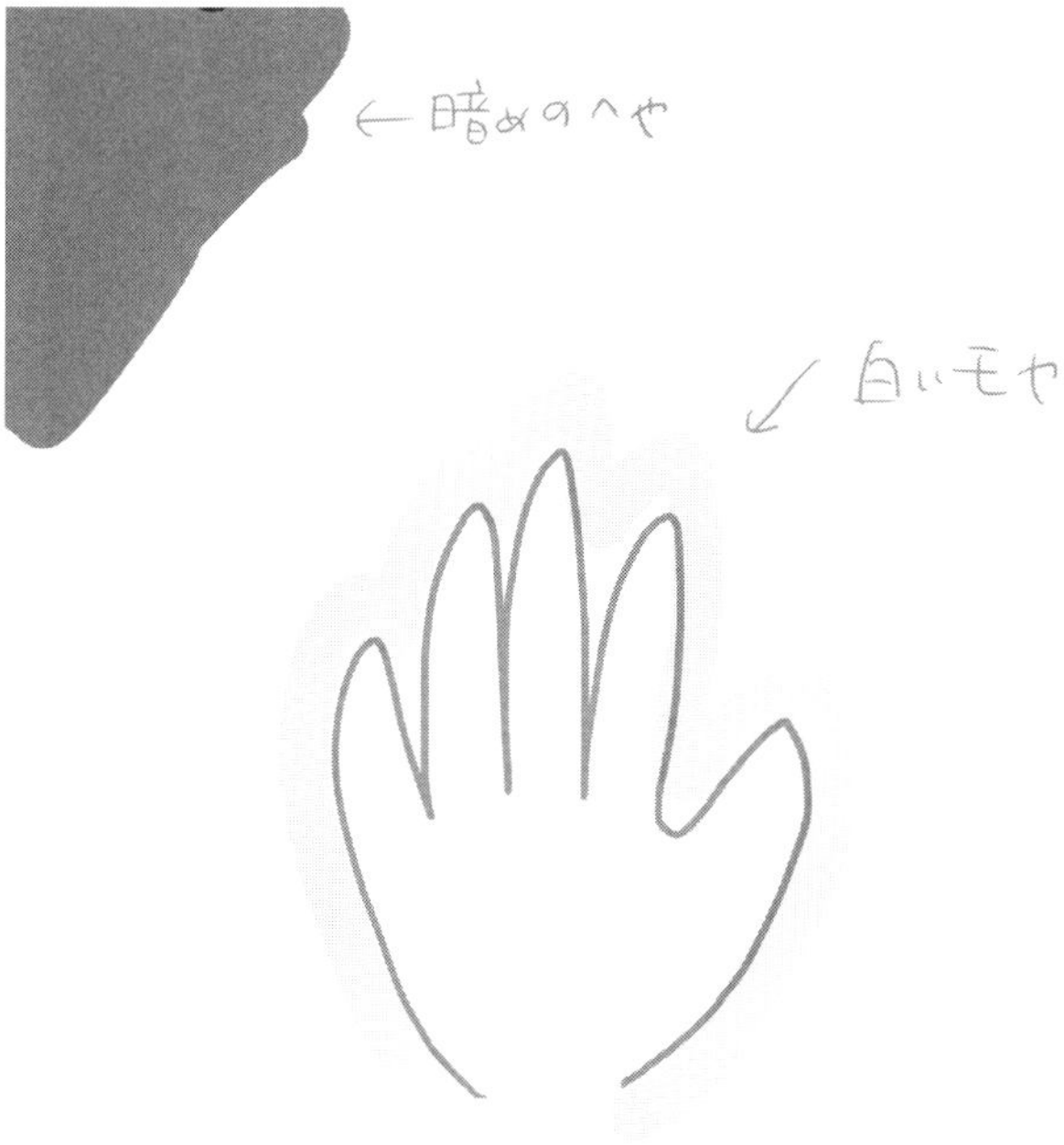
←暗めのへや
白いモヤ

「色は今は気にする必要はない。慣れてくれば直に見えてくる。とにかく、肉体以外のエネルギー体を見る練習をしなさい」

「これ、楽しいですね！」

「そうだろう？　意外と簡単にできるものだろう？」

「はい！　見えます！　僕にも見えます！」

「次に、両手を出してごらん」

「はい。出しました」

「手を開いて、指と指を少しだけ離して両手を近づけてごらん」

「あ！　右手のオーラと左手のオーラがつながった！」

「そう、指先から出てるオーラがつながるのだ」

「面白ーーーーい！」

「右手を返すようにして手をひねってごらん？」

「オーラもひねくれる！」

「そう、だろう？」

「わあ！　ひねったり、クロスしたり、ズレたり、面白いですね！」

「今日、君に伝えたいのはね。オーラは誰にでも見えるということ。そして、君はエネルギーを自分の意図で好みの形に変えられる、ということだ」

「ホントそうですね！　びっくりしました！」

「いろんなところで練習してみなさい。電車に乗っているときに前の座席の人のオーラを見る練習をしてみなさい。きっと楽しいだろう」

「はい、もちろんです！　ありがとうございます！」

「では、また夢で会うこととしよう」

「はい、また夢で会いましょう」


コハクさんからオーラの見方を教わってからというものの、僕はいつも目をぼーーっとさせて、いろいろな人の頭上や手を見るようになった。ただ、暗い場所なら手のオーラがすぐに見えるようになったものの、日中の明るい状態で人の頭上に目をやっても何にも見えない。

だが経験を積んでいくに従い、なんとなく「これかなあ～」っていうのがわかってきた。特に白い壁を背にしている人のオーラは、かなりの確率で見えるようになった。まるでドラゴンボールに出てくるスーパーサイヤ人が身体にまとう光のエネルギーパワーのように、ぼわーーんとしたものが見えるのだ。でも、まだオーラの色まではわからなかった。

そんなある日、ブログにこんなコメントがついた。

「マサユキさんって個人セッションはしないのですか？　ご相談とかできたらうれしいです」

個人セッション？　なんだろう？　心理カウンセリングみたいなものかな。

「僕がお役に立てればうれしいですが、お話を聞くことくらいしかできませんよ」

僕がコメントを返すと、「それでいいです」という返事が来た。僕はメールアドレスをお伝えし、時間と場所を調整して、この方にお会いすることにした。

「マサユキさんですよね？　初めまして、ちひろです」

待ち合わせ場所のカフェのカウンターで、注文した飲み物ができるのを待っていると、後ろから声をかけられた。

現れたのは、僕より少し年上かと思われる女性だった。

ちひろさんは龍やスピリチュアルが好きで、いろんなブログを読んでいるうちに僕のブログを見つけてくれたという。

「マサユキさんのブログ、本当に面白くて大好きです。コハクさんってジェントルマンですよね。いいなあ〜。私も龍さん、夢に出てこないかなあ〜」

「ははは、いつも読んでいただいてありがとうございます」

「ホント毎日楽しみにしているんですよ」

「で、聞いてほしい話って何ですか？」

「あの……私、仕事のことで悩んでいるんです」

「仕事ですか？」

「私、好きなことを仕事にしたいって考えているんです。今の仕事ってあんまり好きじゃなくて」

「そうなんですね。でも、そのお悩みをなんでまた僕に？　キャリアカウンセラーとかそういう人に聞いたほうが的確な答えが返ってくるような気がしますけど」

「マサユキさんって、好きなことを仕事にして自由に生きていますよね。それがすごいなって思っていて。マサユキさんなら、私の悩みを解決するヒントを教えてもらえるかな？　って思ったのです」

この僕が？

自由⁇

ちひろさんの言葉に、一瞬自分のことではないような気がした。

確かに今の僕は、新幹線に乗ってパワースポットに行って、コハクさんとのことをブログに書いて、それをもとにトークライブをやって……とやりたいことを自由にやって生きているように見える。

ただ、これらのことは全部コハクさんのおかげだから、僕は自分のことをすごいなんて1ミリも思ったことはなかった。収入も会社勤めをしているころに比べれば全然少ない。貯金を取り崩して生活している有り様だ。

でも、いつの間にか自由な人に見られるようになっていたんだ。仕事中にデスクで地団太を踏みながら見ていた、あの南の島の自由人と、規模は全然違えど、同じカテゴリーに入っていたのだ。あのころ、うらやましくて仕方がなかった自由人たちの部類に、身体半分入り込んでいるのだ。そう思うと、自分がちょっと誇らしくなった。

「で、『好きなことをしたい』っておっしゃいますけど、何が好きなんですか？」

「それがわからないのです」

「はい？」

「好きなことを仕事にしたいと思ってるんですが、その好きなこと自体、私にはわからないのです」

「……」

「私には使命のようなものがあると思っています。それさえわかれば、私の人生はもっと意義のあるものになるはずです。ずっと探しているのですが、全然わからない。マサユキさん、私の使命って何だと思いますか？」

「うーん、使命ですか？　ちょっと僕にはわからないのですが……。すみません、ちょっと視点を変えていいですか？　実は最近、コハクさんにオーラの見方を教えてもらったんです」

「えーーいいなぁーー！」

「なので、ちひろさんのオーラを見れば、使命が何かわかるかもしれません。見てもいいですか？　見えるかどうかわからないけど……」

「もちろん！　見てください！　ぜひ！　キャー！　私ラッキー！　コメントしてよかったぁーー！」

「ははは……じゃあ、ちょっとお時間くださいね」


僕はコハクさんに習ったオーラの目の使い方をやってみた。ちひろさんの頭の上をステレオグラムを見るときのように焦点を合わせず、ぼーっと見る。すると、だんだん彼女の周りに白いもやがたちこめてきた。オーラだ。

ただ、一向に色は見えない。龍なんて全然見えない。でも、僕はあきらめずにこの白いオーラを見続けていた。何かの情報が頭の中に落ちてこないか、神経を研ぎ澄ませ、ちひろさんのオーラに意識を集中した。

そのときだった。

ちひろさんのオーラが一瞬『赤』に変わった。その後も、パッ、パッとまるでフラッシュカードのように、何度も何度も一瞬だけ『赤』に変わる。なんだろう？　これは？　何を意味しているのだろう？

そのパッと変わる『赤』のオーラに、色が変わるたびに意識を向ける。すると、僕の頭の中に『怒り』という言葉が現れた。この『赤』は怒りの『赤』なのか？　ひょっとして、ちひろさん、何かにすごく怒ってらっしゃる？


「あの……ちひろさんね……」

「はい……どうでした？　見えました？」

「これは僕の感じたことで、もうなんというのかな……。〝お遊び〟みたいなものだと捉えてほしいんです。何の科学的根拠もありませんので」

「はい、わかってますよ？　で、どうだったんですか？　色は何色でしょう？」

「あの、色の前に伺いたいことがあります。もし、全然当てはまってなかったら、そうおっしゃってくださいね」

「ええ、大丈夫です」

「あの、ちひろさん、誰かにひどい目に遭わされたりしていませんか？」

「え……？」

「えっと、たぶん会社の中とか……。会社の中にとってもイヤな人とかいませんか？」

「あの……」

「で、その人に嫌がらせを受けたり、困らされたりしていませんか？」

どういうわけだろう？　言葉が滔々《とうとう》とあふれてくる。他人のプライバシーにこんなにズケズケと切り込んでいっていいのだろうか？　でも止まらない。言葉が自然と口から出てくる。

「うっ……うぅぅぅ……」

「あ！　ごめんなさい！　やっぱり失礼でしたよね。すみませんでした」

「いえ……違うんです……」

「え？」

「マサユキさんのおっしゃる通りなんです」

「そうなんですか……？」

「はい。実は最近、上司が異動で替わったんです。新しい上司は女性で、みんなから理想的な上司と言われるくらい社内の評判はいいのですが、なぜか私にだけはとても厳しくて……。最初は『ひょっとして期待されているのかな？』と思っていたのですが、どうやらそうではないようなのです。あいさつをしても返してくれないし、チームのみんなでご飯を食べに行くときも私だけ誘われない。他の人はたくさん褒められるのに、私は些細なミスで何時間もお説教される。しまいには他のチームのメンバーに『ちひろに関わるとろくなことにならないから、最低限の会話しかしないように』という指示が出たそうなのです。私、今、会社に居場所がなくて。出社するのが辛《つら》いんです。なんでこんな目に遭わなきゃいけないんでしょうか？」

「ちひろさんのオーラを見たときに、赤いオーラが見えました」

「赤？　ですか？」

「はい。赤っておそらく情熱とかやる気とかそういう意味がありそうですが、ちひろさんのオーラは何とも赤黒くて、ずっと見ていたら『怒り』のようなものが伝わってきたのです。だから、ちひろさんは今、怒ってるんじゃないかなって。使命を探したいって言ってましたけど、それは表面的なことで、使命が見つかればいつでもこの会社を辞めることができるし、その上司を見返してやることができる。それくらい怒ってんのよ、私は！　ということではないのでしょうか？」

「そうなんでしょうか……自分ではよくわからないのですが……」

「じゃあ、明日ちひろさんの使命が見つかるのと、明日その上司に辞令が下って他の部署に異動になるのと、どっちがいいですか？」

「それは……」

「はい」

「辞令です……」

「ですよね？」

「ああ……私、怒ってたんだ」

「怒ってたんです」

「うわぁ！　ムカつく！」

「誰だってそんなことされたらムカつきますよ」

「すごく腹が立ってきた！　あの上司なんなの！　私ばかりに辛く当たって！　私が何したっていうのよ！　バッカじゃないの！　たいして仕事もできないくせに！」

「おお、いいですね！　ちひろさんがどんどん元気になってくる！」

「そうですか？　怒りを吐き出せて気持ちがいいです」

「うん、溜《た》め込んじゃってたんですね」

「いやあ、マサユキさんに話を聞いてもらってよかった」

「話を聞くことしかできませんけどね」

「いえいえ、オーラを見てもらって、私の今の状態をばっちり言い当ててもらえたのはすごいことだと思いましたよ」

「あはは、まあ、たまたまです」

「久しぶりによく眠れそうです。今日はありがとうございました」

そう言うと、ちひろさんは笑顔で帰っていった。僕はちひろさんの役に立てたことの充実感とともに、先ほどまでちひろさんに言っていた言葉が、自分の言葉ではないような気がしていた。

自分が思いつく前に、言葉が口からほとばしる奇妙な感覚。あれは何だったんだろう？

第7章

龍とつながる

龍の知恵9「セルフ龍つなぎ」

「それはチャネリングというものだよ」

「チャネリング？」

「そう、神さまや龍やそういう『見えない世界』からのメッセージが口をついて出てくる。その状態はチャネリングと言われる状態だ」

「そうなんですね」

「たとえばアーティストが作品を発表した後に、『まるで自分が創作していない感覚だった』と話すことを聞いたことはないかね？」

「ありますね。ミュージシャンや画家の人とかがそう話すのを聞いたことがあります」

「あれも一種のチャネリング状態だ。神さまが自分の身体を使って曲を作ったり、絵を描いたりしているような状態だ」

「じゃあ、僕がちひろさんのことをペラペラとしゃべったのは神さまの言葉だったということですか？」

「まあ、そうかもしれないね。少なくとも**君はその瞬間『神さまの通り道』だったということだ。**」

「『神さまの通り道』ですか？」

「そうだ。ぜひ、練習していつでもできるようになるといい」

「はい、わかりました」

「では、今日の『龍の知恵』を伝えるとしよう」

「はい、よろしくお願いいします」

「以前、人には必ず一柱、守護龍がついて人を護っているということを話したね」

「はい、覚えています」

「龍はエネルギー体だ。物質を持たない見えない存在だ。そして、人間は物質体でありながら、エネルギー体でもある。エネルギーとエネルギーはある一定の条件をクリアすると、混ざり合ったり溶け合ったり融合したりする。すなわち、君と君の守護龍はエネルギーでつながることができるのだ。**これを〝龍つなぎ〟と呼ぶ**」

「〝龍つなぎ〟？」

「〝龍つなぎ〟は、基本的には君以外の第三者の龍に精通した者が、君と君の龍を、エネルギー状態を見ながら融合させていくのが通常なのだけれども、〝龍つなぎ〟は自分でも行なうことができるのだ」

「自分で龍とつながれるのですね。いわば〝セルフ龍つなぎ〟ってとこでしょうか」

「なるほど。なかなかいいネーミングだね。では便宜上そう呼ぶとしよう。君は龍とつながりたいかね？」

「はい、つながりたいです。でもつながるとどうなるのですか？」

「すべての人に龍がついているが、その『縁の深さ』が人それぞれ違うのだ。たとえば、龍や神さまなどまったく信じていない人にも、守護龍はついている。ただ、龍に向ける意識が少ないため、龍も見護ることしかできない。人間関係で言えば『知人』のような関係だ。一方で、〝龍つなぎ〟をした者は龍との縁が非常に近くなる。先ほどと同じく人間関係でたとえれば『親友』になるようなものだ」

「そうなんですね」

「龍と親友になると、龍はよりいっそうチカラを貸してくれるようになる。君が行なうことに大きな後押しをくれるようになるだろう。そして、何より龍が一緒にいるということが君の強い自信につながる。**龍とつながることは君自身を大きく成長させることになるんだ**」

「龍とつながると聞いただけでとってもワクワクします」

「では、さっそく〝セルフ龍つなぎ〟のやり方を説明しよう。その手順を前もって紙に書いておいた。目が覚めたらやってみるといい」

コハクさんから手渡された紙には、以下のように書かれていた。

【セルフ龍つなぎ・手順】

① 自分が心地よいと思う場所で座る。

②　軽く目をつぶって5～10分くらい静かに心を落ち着ける。
③　柏手《かしわで》（神社でお参りをするときに両手を叩くこと）を打つ。
④　自分の名前と住所を口に出して言う。
⑤　「龍さんとつながりたいです」と口に出して言う。
⑥　「龍」のイメージを思い浮かべる。
⑦　その龍のイメージを空高く上げる。
⑧　その龍から自分にエネルギーが注がれているイメージをする。
⑨　「龍さん、ここに来てください！」と口に出して言う。
⑩　龍のエネルギーを数分間感じる。
⑪　龍のイメージをやめ、エネルギーを感じることに注力する。
⑫　ピリピリする・ビリビリする・ぞわぞわする・くらくらする・どっしりする。
こんな感じがあったら龍とつながった証拠。
⑬　その感覚をもって神社に行ったり、その感覚に話しかけてみたりするとよい。

「なるほど。龍の『イメージ』とつながるんですね」

「いや、そうではない」

「え？　どういうことですか？」

「『イメージ』というのはね、『見えない世界』への呼び水なんだよ」

「呼び水？」

『イメージ』をすると『見えない世界』は降りてきてくれるんだ」

「そうなんですね」

「これは握手みたいなものだよ。『イメージ』は君たちの世界側から『見えない世界』に手を差し伸べているようなものなんだよ」

「なるほど、『イメージ』は自分が創り出すものだけど、その『イメージ』に応じて龍が来てくれる。そんな感じでしょうか?」

「そうだ。龍のイメージをすると、『見えない世界』から龍が実際にやってくるんだよ」

「そうか、だからある程度経ったら『イメージをやめる』ってことをするんですね」

「イメージを終了してからのビリビリするような体感は龍のエネルギーだ。そして、その感覚が君の守護龍とつながった証拠なんだよ。実際にやってみなさい」

「はい、わかりました」

「ではまた、夢で会うとしよう」

「はい、また夢で会いましょう」


目が覚めると僕はさっそく『セルフ龍つなぎ』にとりかかった。自分の部屋のデスクにある椅子に深く腰かけ、何度か深呼吸をした後に静かに目をつぶる。目を閉じる

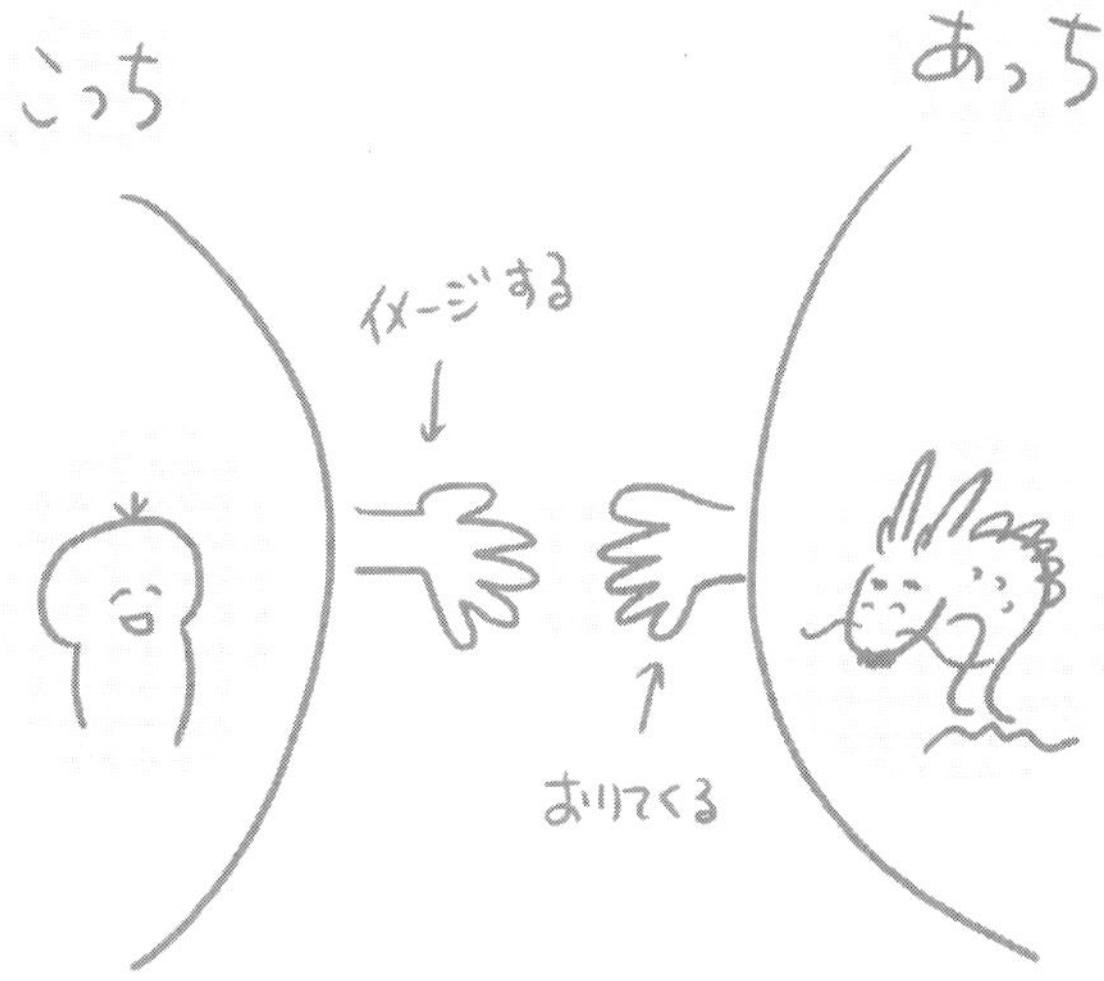
こっち
あっち
イメージする
おりてくる

と、まだ早朝だったので二度寝しそうになったが、なんとかそこをこらえて気分を落ち着かせることに集中した。

それから……なんだっけ？　ああ、柏手を打つんだな、パン、パンッと。

「千葉県に住むマサユキです。龍さんとつながりたいです」

龍をイメージし、その龍を天高く舞い上げる。

イメージした龍は高野山で見たあの巨大な龍だ。


「龍さん、ここに来てください」

そう言うが早いか……

僕は何者かに後頭部をぐいっぐいっと引っ張られた。

もちろん、背後には誰もいないし、何もいない。

でも、間違いなく、何かが頭を後ろに引っ張るのだ。

ぐいっぐいっ。

あまりに強い力で引っ張られるので、僕は椅子から転げ落ちそうになった。

背中が大きく反っていく。

ぐいっぐいっ。

息がしづらい。

「うう……」

と、うめき声を出しながら呼吸をする。

僕は初めてのことに戸惑いを隠せなかった。ちょっと怖い……。

と、同時に、**この何者かは僕に憑いている龍なのだという直観も同時に働いていた。**

したがって、恐怖よりもこの先どうなるか、という若干の好奇心が勝った。

引っ張られるのに身を任せると、今度はだんだんと左手が震えてきた。

左手がけいれんを起こしているかの如く、左右にぶるぶると動くのだ。

こんなことは初めてだ。

そしてだんだんと身体が温かくなってくる。

その温かさはだんだんと熱を帯びていき、次第には身体中が熱く感じるまでになった。

熱い。熱い。

汗が出てくる。

ああ……。

なんかとても不思議な気持ちだ。

ちょっと怖いけど、でも不思議と安心感がある。

身体は反応を示しているが、心はとても穏やかだった。

引っ張られる感覚と、左手の左右への震え。

そして、身体の熱さにしばらく身をゆだねていると、すっと力が抜ける瞬間があり、僕はその時点ではっと我に返った。


一通りの出来事が終わった。

「ああ、龍とつながったんだ」

誰に確認を取るわけでもなく、僕はそうつぶやいていた。

僕は自分の身に起こったことが理解ができず、しばらく茫然としていた。

ふぅ。

一つ息をつく。

なんだかチカラがみなぎる感覚がある。

僕は今、龍と融合したのだ。心はとても穏やかだ。

何か前向きなエネルギーが自分の中から出てくるのを感じる。

今ならなんでもできる気がする。


トゥルルルルル……


感覚に浸っていると、突然、携帯電話が鳴った。

誰だろう？

携帯電話のディスプレイに表示された発信者の名前を見る。

「!?」

そこに表示されていたのは……

「坂上部長」


ウソだろ⁉

なんで部長から電話がかかってくるんだ！

今一番見たくない人の名前だよ！

もう少し、龍とつながった余韻に浸らせてくれ！

なんだってアイツはいつも僕の邪魔ばかりするんだ！

この電話は出なくてもいいだろうか？

医者の指示で休んでいるんだから、上司の電話に出る義務はないはずだ。

トゥルルルルル……

電話は鳴りやまない。

少しだけ不安になってきた。

僕がずいぶん休んでしまっているから……。何か業務上困ったことがあるのかもしれない。

坂上部長だって、僕がうつ病だということは知っている。この状況で電話をかけてくるということは、きっとよほどのことがあったに違いない。

携帯電話を持つ手が震える。

震えた手で画面に表示された「応答」という文字を指で横にスワイプした。


「あ、マサユキちゃん？」

「はい、ご無沙汰しています」

「オマエ、会社来ないで何してんの？」

「え？」

「うつ病って言ってたからほっておいたけどさ。ブログ見たよ？」

「え？　見てるんですか？」

「オマエ、龍とか言って、マジでアタマいかれちゃったの？」


ああ……なんてこった……。

「なんかスピッチャルとかってテーマで、人前で話したりしてるらしいね」

「あ、まあ……一応」

「そのスピなんとかやってるヤツって、確実に人生終わってるよね。お客さん洗脳して壺とか売ってんの？　まあ、それはそれで儲かりそうだけどな。あっはっは～～」

業務上困ったことがあったのかもしれないなどと心遣いをしたのは、僕の大きな間違いだった。

電話に出なければよかったと激しく後悔した。

「えっと……ご用件は何でしょうか？」

「いや、全然会社来ないからさ。心配になったんで、忙しい合間を縫って電話してやってんだよ」

「あの……大変言いにくいんですが……」

「何？　会社辞めるとか言い出さないよね」

「まあ、そのつもりで……」

「へえ～辞めるんだ～。辞めてどうすんの？」

「それは……」

「もしかして、そのスピなんとかってので食っていくつもり？」

「はい……一応……」

「そんなので食っていけるわけないだろ、バーーカ！」


なぜこんなにも、決めつけるのだろうか。

なぜこんなにも、自分の知らない世界のことをバカにするのか。

どうして、チャレンジする人の夢を壊すようなことを、この人は平気で言えるのだろうか。

僕は心の中が怒りでいっぱいになった。

でも……でも……

やっぱり、怖くて何も言い返すことができなかった。

「オマエ、世の中ナメてんだろ？」

「いや、僕は好きなことを仕事にしたくて……」

「あのさあ、金っていうのはね、好きじゃないことをするからもらえるの。人がやりたがらないことをするからもらえんの！　よく考えろよ、バーカ」

「あの、それは……」

「特にそのスピなんとかってさ、うさん臭くてアヤシイし、男がやる仕事じゃねぇんだよ」

悔しい。

僕は今までコハクさんに「見えない世界」のことをたくさん教えてもらってきた。

僕も最初はとても懐疑的だった。

スピリチュアルという言葉も苦手だった。

でもコハクさんのおかげで「見えない世界」というのは、「愛にあふれた幸せで豊かな世界」だということを知った。

いつだって「見えない世界」の住人は僕たちを愛して味方してくれる。

それをまったく知らないのに、この男は僕の大切なものをけなし続ける。

でも、反論できない。

悔しい。悔しい！　悔しい！
自分に腹が立って仕方がない！

あっ！
そうだ！
僕は今、龍とつながったんだ。
今こそ、龍のチカラを自分に呼び込むときなんじゃないか。
目を閉じて自分の中の龍を感じてみれば、龍のチカラを使えるかもしれない。

龍よ、チカラを貸してください。
僕に憑いている龍よ。
チカラを貸してください。

そう心で願うと、先ほど「セルフ龍つなぎ」で行なったときと同じ熱が身体に戻ってくるのを感じた。

身体が熱くなる。
龍が身体の中に、〝いる〟のを感じる。
身体の中心でぐるぐるとうねるのを感じる。
ダイナミックに動き回る龍。
その龍が今、僕の細胞にエネルギーを流し込んでくれるのを感じる。
前向きで、力強くて、それでいて自然体のエネルギー。
安らかで、愛にあふれていて、大きな大きなゆったりとしたエネルギー。
龍のエネルギーが身体にしっとりとまとわりつく。
そのエネルギーに身をゆだねているとチカラがどんどんと湧いてくる。

「マサユキちゃんさあ……」

龍のチカラで満たされた僕にとって、もう坂上部長など……。

「奥さんも子どももいるんだろ？」

もはや僕の相手ではない。

「そんな仕事してたら、子どもは学校でいじめられんじゃね？」

「……」

「おーまえのとーちゃん、詐ー欺ー師ーーってな。あーーーっはは！」

「……」

「オイコラ、マサユキ聞いてんのか？」

「……」

「聞いてんのか？って言ってんだよ！」

「やめてください」

「は？」

「バカにするのはやめてください、と言っています」

「何オマエ？　マサユキのクセに口答えしちゃうの？　へぇ〜偉くなったもんだぁ〜」

「あなたは上司でもなんでもありません。ただの口の悪い失礼な中年男性です」

「キサマ、自分の言ってることがわかってんのか⁉　ボケが！」

「おそらく仕事でミスをして八つ当たりしたくてオレに電話してきたのでしょう。あなたこそ、自分のやってることがまったくわかっていない」

「ぐぅぅっ！」

「言わせてもらいますが、あなたは強そうに見えて本当は弱い人間です。あなたは自分にストレスがかかると、いつもオレをいびりました。自分でそのストレスを解消しきれないから、オレに強く出ることで自分を保ってきましたね。これはいわば、八つ当たりです。オレはあなたの八つ当たりを何年も受けてきました。はっきり言わせてもらうと、もううんざりなんだよ」

「てめえ！　黙って聞いていれば！」

「そして、あなたはオレのことのみならず『見えない世界』までもバカにした。これは許すことができない。スピリチュアルは素晴らしいものだ。それをオレは病気になることで知ったんだ」

「はぁっ！　バカか？　そんな仕事一年も持つと思うか？」

「それはあなたには関係ない」

「うちの会社辞めたら、てめえの人生終わりだよ！　家族ごと路頭に迷って、ホームレスになって、てめえの人生はエンドロールでお先真っ暗だよ！」

「ホームレスになろうがなんだろうが、オレはこの先一生幸せなんだよ。家族もいるし、友だちもたくさんいる。そして『見えない世界』の大きな存在に護られていることの〝安心感〟は、仕事のことしか頭にないあなたのような人にはわからないだろうね。せいぜいさみしい人生を送るといいよ。じゃあ、電話切るね。バイバイ」

「てめえ、調子に乗ってんじゃ……」

ガチャン！

ツーー。ツーーー。

僕は坂上部長からの電話を切った。

初めて坂上部長にたてついた。

しかも、結構……すごいこと言っちゃったな。

さすがにまずかったかな……。

泣いてないかな、坂上さん……。

意外とメンタル弱いからな、あの人……。

それにしても、龍にチカラを借りた瞬間、どんどんとチカラがみなぎってきて、坂上部長のことが全然怖くなくなった。

「龍とつながると自信が出る」とコハクさんが言っていたけど、ホントにそうだったんだ。

僕は龍とつながったんだ!

龍の知恵10「すべては最善である」

「そうか、自分の龍とつながったんだな」

「はい、まだ目で見えたりしないんですけど、『セルフ龍つなぎ』をしたら、身体が揺れたり熱くなったりして、龍を感じることはできました」

「そして、龍のチカラを借りて、部長に言い返したと」

「はい！　でも、ちょっと言いすぎたかなあ……」

「まあ、以前の君と比べたら、大きな進歩だよ。以前の君は優しすぎたから、それくらい強い部分を出すくらいがちょうどいい」

「はい、ありがとうございます」

「龍のチカラはこんなものではない。君の人生にもっと大きなインパクトを与えるだろう。それはこれからだ。ワクワクして待っているといいよ」

「はい、覚悟はできています」

「では、今日のレッスンに移るとしよう」

「はい！　よろしくお願いします」

「今日の知恵は『すべては最善である』という知恵だ」

「すべては最善？」

「そう、すべての出来事は一番いい形で起こっているということだ。一見ネガティブに思えることでもね。たとえば、君は以前、京都に行ったとき、寂光院に行けなかった。そのとき、もっと朝早く起きて、早い時間に三千院に到着すれば寂光院にも行けたのに、と思わなかったかな？」

「はい、思いました。朝起きれなかった自分をちょっとイヤだなと思いました」

「そう、そうなんだ。自分の思い通りにならないと人間は自分のことを責めてしまう。でも、結果はどうだっただろうか？　君がもし早起きをしていたら、『１９７』のサインをキャッチすることはなかったんじゃないかな？」

「そうですね」

「だからね。君が寂光院に行けなかったことは最善だったということなんだ。**寂光院に行けないときはネガティブなことが起こったと思うけど、もっと長い時間軸で見たら最善なことが起こっている**」

「なるほど」

「また、別の角度で見てみよう。君はブラック企業で働き詰めで、口の悪い上司のもとで仕事をし、心身の調子を壊してうつ病になった。これは一見ネガティブなことだ。でも、もしホワイト企業で素晴らしい上司のもとで仕事をしていたらどうだっただろうか？」

「そうですね……まだ会社で働いていたかもしれない」

「ということは？」

「龍も見てないし、コハクさんとも会えていないでしょうね」

「そして、ブログも書いていないだろうし、自分の龍とつながることもなかった。つまり、**君のサラリーマン時代は最善だったということだ。すなわち、坂上部長と仕事をしたのも最善だったということだ**」

「ちょっと待ってください。それは認めたくありません。僕はあの人に本当にイヤな思いをさせられました。あの人には会わなければよかったと思っています。どうして、その人の存在を最善だと思えますか？　寂光院の例はよくわかったけど、この例は的外れです」

「本当にそうかな？　坂上部長は君の文章をマーカーで真っ赤になるまで添削したんだろう？　そのことで君は文章を書く力がついた。そのことが今君のブログがたくさんの人に読まれていることにつながってはいないだろうか？」

「まあ……そう言われると……」

「それに、この間部長が電話してきたのも、様子伺いで電話をくれたのではないのかな？　口は悪いけれども、彼は彼なりに君のことを心配したのではないかな？」

「じゃあ、コハクさんは僕が坂上部長に言い返したことはダメだったと言いたいんですか！　さっきは褒めてくれたじゃないですか！」

「そうではない。マサユキ。よく聞きなさい。君が坂上部長に言い返したことはとても勇気のいることだったし、君の龍のチカラを知るために必要だったことだと思う。そして、君が部長にいまだに怒りを感じることもまったく問題はない。イヤな気分になることは問題ではないのだ。むしろ、無理にポジティブに捉えようとすると、心の中でネガティブな感情が溜まり込んでしまい、後で爆発してしまうこともあるだろう。悲しいときは悲しみなさい。怒りたいときは怒りなさい」

「じゃあ、何が言いたいのですか？」

「君が怒りに打ち震えているときも、涙に明け暮れて絶望しているときでも、この世界には常に『最善の流れ』が流れているということだ。君がどんなに感情的になっても、君が今までたどってきた道程は、君と君の魂にとって最善の道筋だったのだよ。

ブラック企業に勤めていなかったら、私に会うことはなかったし、坂上部長に会っていなかったら、ブログが人気になることはなかった」

「うぅぅ……認めたくない……」

「そうだね。認めたくないね」

「だって、本当にしんどかった。本当にしんどかったから……」

「そうだね。そう思うのもムリはないよ」

「でも……」

「でも？」

「でも、コハクさんの言う通りです」

「そうだね」

「一見ネガティブなことも、すべて今の自分のためにありました。それは間違いではありません」

「そうだ、そうなのだよ。そして、このことは時間が経過しないとわからないようになっている。**最善だということは後でしかわからないようになっているのだ。**苦しみの最中にいるときは『最善』だなんて思えない。振り返ってみて、その出来事が『点』ではなくて『線』として捉えられたときに初めて、真実が見えてくるのだよ」

「確かにそうですね」

「だが、君には、これからの人生は少し難しいことに挑戦してほしい。**つまり、苦しみの最中にいるときも、この『後でしかわからない最善』を頭の片隅に置いてほしい**

のだ。すなわち、君が怒りや苦しみの感情の渦の中に巻き込まれているときでも、心の奥底で小さくひっそりと『これも最善なんだ』と唱えてほしい。そのことで、今目の前にあることに必要以上に巻き込まれなくなる。これは真実を見るトレーニングでもあるし、君の人生を生きやすくさせる『魔法の呪文』でもある」

「わかりました。大変なときでも『きっとこれは後になって意味がわかるだろう』と思うんですね」

「そうだ。**そうすれば、君はこの人生において『深刻さ』から解放される。不幸の源は『深刻さ』だ。『真剣』になるのはいい。でも『深刻』になってはいけないのだよ**」

「確かに、僕がメンタルを病んでしまったのは、必要以上に『深刻』だったからかもしれません」

「**人生は、自分を愛し、そして自分の世界を愛するゲームだ。**自分を幸せにするゲームだ。そのゲームは、コツさえつかめればそんなに難しくない。深刻になる必要はない。むしろ深刻さは敵だ。常に、自分と自分の人生にユーモアと余裕を持ちなさい」

「はい、わかりました」

「そして、この自分を幸せにする人生ゲームを攻略するコツが『龍の知恵』だ」

「はい、そうだと思います」

「君は『龍の知恵』に対する理解も、実際に行動するのも大変早かった」

「ありがとうございます」

「私はその意味において、君のことをとても尊敬している」

「そんなぁ～尊敬だなんて照れるじゃないですかぁ～コハクさんが教え上手だからですよ～。でもうれしいなあ～」

「そして、君に今日はこのことを伝えなくてはいけない」

「なんですか？」

「『龍の知恵』はこれで最後になる。つまり、これでレッスンは終わりだ。レッスンが終わったら、私の役目も終わりということになる」

「え？」

「私はそろそろ君の夢からおいとましようと思う」

「どういうことですか？」

「私はもう君の夢に出てくることはない」

「え⁉　そんな！　ちょっと突然すぎませんか？」

「もう私は君の人生に必要ない。君は一人で十分やっていける」

「え？　急すぎですよ！　だって、龍さんは親戚のおじさんみたいなものなんでしょ？　だったら、そんな堅いこと言わないで、また夢の中でいろいろ教えてくださいよ！」

「マサユキ、こればかりは決まってしまっていることなんだ」

「そんな……」

「君はもっと活躍するだろう。君はエネルギーやスピリチュアルのことについて、これからもたくさんの学びを深めていくに違いない。**そのうち、『龍つなぎ』を他人に施すことができるようになると思うし、また、エネルギーを使いこなす『魔法使い』にもなれるだろう**」

「僕が『魔法使い』？」

「そうだ。私が伝えた『龍の知恵』は、魔法使いになるための基礎情報とも言える。きっと君ならいい『魔法使い』になれるよ」

「イヤだ！　コハクさんと一緒じゃなきゃイヤだ！　だって僕は……僕は……」

「私はとてもいい生徒に恵まれた。最後に、君に人生を生きるうえでの『最強の言葉』を教えよう。これが、本当に最後の『龍の知恵』だ」

「……うぅぅう」

「軽く目を閉じなさい。そして、胸に両手を当てて、自分のハートを感じて……」

「イヤだ……コハクさん……」

「ひと言、こう言うんだ」

「コハクさん……行っちゃイヤだ……」

『私にはパワーがある』と」

「イヤだ……イヤだ……」

「自分の魂に語りかけるように言うんだ。力強く、そして、静かに。自分の深い部分を感じながら、全身全霊を込めて言うんだ。『私にはパワーがある』」

「これを言ったら……コハクさん消えちゃうんですよね？」

「そうだ。私は消える」

「イヤだ！　言いたくない！」

「違うだろう？　マサユキ」

「だって……だって……」

「君にはやることがあるだろう」

「……」

「もう、君はわかっているはずだ」

「……はい、わかりました」

「『私にはパワーがある』、だ」

「私には……」

「そうだ」

「私には……うっうっ……」

涙が止まらない。

嗚咽《おえつ》で声が声にならない。

でも、これだけはコハクさんに伝えなくてはいけない。

「コハクさん……」

「なんだい？」

「本当に本当に、ありがとう」

「こちらこそ、素晴らしい学びの時間をありがとう」

「私には……」

「マサユキ。己のチカラに目覚めし者よ」

「私には！」

「また会うとしよう！」

「私にはパワーがある！」


目が覚めると、僕の枕は涙でびっしょりになっていた。

そして、その日以来、僕の夢にコハクさんが出てくることはなかった。

第8章

私には パワーがある

〜3か月後〜


僕は観衆の前に立っていた。

「いいですか、みなさん！　エネルギーを感じるにはまずはポンコツになることです。むしろポンコツのほうがいいんです！　その理由はですね……」

コハクさんから教わった「龍の知恵」を、僕は観客に熱く語っていた。みなさん、興味津々に聞いてくれている。

そして、観衆の一番後ろの席には、あの『神ゴー』の九頭龍平八教授が座っている。

僕のトークが終わったら、教授が壇上に上がって僕とのコラボトークをする予定になっている。

そう、今日はラブ&トゥルー社主催『龍のブロガー　マサユキ』と『シリーズ累計30万部超ベストセラー作家　九頭龍平八』のコラボトークライブの日だった。

九頭龍教授と直接お会いしたのは3か月前。赤坂の喫茶店でのことだった。その日はちょうど、コハクさんが僕の夢に出なくなった3日後だった。お写真では拝見していたけれども、初めてお会いする九頭龍教授はとても温和な表情で、そして知的で頭のいい方だった。

「マサユキさんは昔からこういう世界に興味があったんですか？」

「いえいえ、全然です」

「きっかけは何だったんですか？」

「九頭龍教授の本で神社に興味を持ったことです」

「じゃあ、本当につい最近なんですね」

「九頭龍教授のおかげで、僕は高野山で龍に会いました」

「ほう！　龍に！」

「高野山で龍に会った後、僕の夢に龍が出てきて……」

僕はこの約半年間にあったことをすべて九頭龍教授に話した。コハクさんの話。「龍の知恵」の話。そして、昨日、会社に退職届を出したことも。

「とても面白い話ですね。非常に興味深いです」

「あの、大変差し出がましいのですが、よかったら九頭龍教授と僕でコラボトークライブなどをやらせていただけませんでしょうか？」

「もちろん、いいですよ」

九頭龍教授は快諾してくれた。

うつ病のダメサラリーマンが超有名なベストセラー作家と同じ舞台に立つ。

こんなことはあるだろうか？

奇跡だとしか思えない。

以前の僕だったらとても信じられないだろう。

でも、今の僕は、こう思う。

「奇跡は起こる。これも龍のはからいだ」


僕と九頭龍教授とのコラボトークはとても盛り上がった。神社の知識とその活用の仕方を伝える九頭龍教授の講義と、僕の実際のスピリチュアルな体験談は、知性と感性がちょうどよいバランスでミックスされたようで、非常にわかりやすいとお客さんは大変楽しんでくれた。

そして、僕はイベントの最後のあいさつで、参加者のみなさんにこのように伝えた。

「コハクさんは僕に『龍神さまと同じことをしなさい』と言います。

それはすなわち、自分を愛しなさい、と。

僕はずっと自分を雑に扱ってきました。

やりたくない仕事を何年も続け、苦しみもだえながらずっとガマンをしてきました。

これは、自分に対して愛情を向けてこなかったということです。

僕はずっと自分をいじめ続けてきました。

だから、きっと龍神さまが『それ、間違っているよ』と僕をうつ病にさせたのだと思います。

うつ病は龍神さまからのプレゼントでした。

今、僕はコハクさんの言うように、自分を愛することを日常的に行なっています。

そして、その愛をできるだけいろいろな人と分かち合えるようにブログを書いています。

自分を愛するようになったら、僕の見る世界が変わりました。

毎日死ぬことばかり考えていた、灰色でモノクロな世界が、光り輝くカラフルな世界になったのです。

これは本当にコハクさんの言う通りでした。

みなさんも龍神さまと同じことをしてください。

神さまがみなさんのことを愛しているように、みなさんもみなさんのことを愛してください。

それだけで世界は変わります。自分を愛すると、
世界が、宇宙が、神さまが、そして龍が、あなたを愛してくれます。

今日はお越しくださいまして、誠にありがとうございました」


僕らのコラボイベントは大成功に終わった。

僕は東京駅の構内にいた。イベントの余韻が、波のように何度も何度も僕の心に打

ち寄せる。カフェから流れてくる洋楽のＢＧＭにさえ、心が震え、涙腺が緩む。こんなにも心が満たされるような経験がいまだかつてあっただろうか？　自然と顔に笑みがこぼれる。きっと今の僕を誰かが見たら、ニタニタしながら歩くアヤシイ人だと思うだろう。

思い出し笑いを隠し切れないまま、丸の内南口改札を歩いていると、またもや背後から僕の名前を呼ぶ声がした。

それは何度も聞いた〝あの声〟だった。

「マサユキくん？」

僕は不思議と驚かなかった。

こういうことが再び起こることを、どこかで予感していたのかもしれない。

「また会っちゃったね！　すごいね！」

振り返ると、小島サキが立っていた。

「サキちゃん……また会ったね」
「これで3回目だね、マサユキくん！　よく会うね〜！」
「ねえ、サキちゃん……」
「何？　マサユキくん？」

ここまで準備してくれて、ありがとうコハクさん。
後は自分でやるよ。

「よかったら、お茶でもしない？」

僕たちは東京駅丸の内南口に隣接された、東京ステーションホテルのラウンジに入った。

僕らは昔話に花を咲かせた。

英語の先生の顔が面白かったとか、運動会が楽しかったとか、あの同級生と同級生が結婚したとか。僕らはたくさん、たくさん笑った。なんだか小学生に戻ったみたいな感覚だ。笑うサキちゃんを見て、僕もいつになく無邪気に笑った。

一通り昔話を終え、コーヒーも2杯目を飲み終わりそうなころ、僕は本当に話さなくてはいけないことを話し始めることにした。

「あのさ……」

「何？　マサユキくん？」

「今からちょっと変なことを言うかもしれないけどいいかな?」

「うん、いいよ」

「僕が今から言うことは、君に何かをしてほしいってことじゃない。ただ、聞いてほしいだけなんだ。ただ、聞いてほしい」

「うん、わかったよ」

「花火大会の日、サキちゃんは僕の隣に来てくれたよね」

「うん、覚えているよ」

「僕はあのとき、心臓が張り裂けそうなくらいドキドキしたんだ。サキちゃんにずっと伝えたかったことを伝えるチャンスだったんだ。でも僕は怖くて、尻込みをしてしまった。結局、僕は君に何も伝えられなかった。君に伝えたい気持ちがあったのに、僕はその勇気が出なかった。あの日から僕は、自分のことを弱虫で意気地なしと思うようになってしまった」

「マサユキくん……」

「あ、待って。誤解しないで。これはサキちゃんのせいじゃない。僕はその失敗を少し大げさに捉えすぎてきてしまっただけなんだ。間違っても君のせいじゃない」

「うん……」

「ただ、僕はあのときをきっかけに自分をダメな人間だと思い込んでしまったことは確かだ。でも、きっと本当はそうじゃない。僕は自分で思うほどダメじゃない」

「うん、そう思うよ」

「そして、大人になって、こうしてサキちゃんに３回も偶然出会っている。これは単なる偶然なんだろうか？　君は『神さま』なんていうと、僕のことをうさん臭い人だと思うかもしれない。でも、これは神さまが僕にくれたプレゼントなんじゃないかなって思ってるんだ。『マサユキ、過去の心のしこりをスッキリさせて、もっと自信を持って生きなさい』って、神さまが言っているような気がしてならないんだ。じゃなかったら、きっと東京駅で３回もこんなふうにバッタリと出会ったりしない」

「うん、わかるよ」

「だから……あとは……」

「うん」

「あとは僕次第なんだ」

「そっか」

「よかったら、聞いてもらっていいかな？」

「うん」

「僕は君のことが……」

「……うん」

「君のことが好きだった」

「……うん」

「大好きだったんだ」

「うん……」

「ごめんね。こんなの僕の自己満足だよね」

「ううん。うれしかった」

「そっか、それならよかった」

「マサユキくんさあ……」

「何？」

「なんかカッコよくなったね？」

「まあ、昔は太ってたからね」

「ううん、違う」

「え？」

「最初に東京駅で会った日から比べて、カッコよくなった」

「え？　そう⁉」

「なんかあったの？」

「うん、まあ……」

「なになに？　何があったの？」

「えっと、龍を少々……」

「え？　何？　龍？」

「いやなんでもない、なんでもない、あははは……」


僕らは別れを告げると、サキちゃんは改札の中に入っていった。僕はそのまま東京駅に残り、皇居に向かって歩き出した。皇居のあの神聖で気持ちのよい空間を、この爽快感と一緒に歩いてみたくなったのだ。

なにせ、身体が飛ぶように軽い。僕は今、長年の胸のつかえが取れたのだ。こんなにも重い荷物を持っていたのかと、身体の軽さとともに実感する。
また一つ、龍に導かれて僕は自分を変えることができた。そしてこれからも、龍は僕を見護り、愛し、応援してくれるだろう。そして、龍の深い愛に包まれながら、僕はどんどんと新しい自分に会いに行く。

「さあ！　これからだ！」

僕は空を見上げると、そう叫んでいた。
皇居の上に広がる穏やかに霞《かすみ》がかった春の空には、「龍」の形をした大きな雲がゆったりと浮かんでいて、その表情はまるで僕に微笑《ほほえ》みかけているようだった。

龍神さま、ありがとう。
スタンプ、ポンッ！

おわり。

あとがき

ここまでお読みいただきましてありがとうございました。改めましてSHINGOと申します。この本を通じてみなさまにお会いできたことを大変うれしく思っています。

この物語は私の実体験をもとに書かれています。たとえば、初恋の人に出会うシーンがありますが、これは実話をもとにしています。私が生まれ育ったのは千葉県ですが、千葉の小学校で一緒だった初恋の人と、大人になってから東京都内で偶然バッタリ3回会いました。立て続けに会ったので、お互いに本当に目を丸くしました。そして、小説にありましたように、3回目に会ったときに告白（?）してからというものの、もう二度とその人と会うことはありませんでした。きっと龍神さまが早く告白しろと言っていたのだと思います。本当にこういう不思議なことは起こるんですね。

ただ、実際は彼女と出会ったのは3回とも東京駅ではなく、新宿駅近辺でのことでした。このように実話をもとにしてはいるものの、ストーリーとして読みやすくするために、ところどころ創作を加えています。

他にも実話であるのは、

・14年にわたる勤務先の業務が相当ハードだった話
・結果、過労でうつ病になって会社を辞めた話
・息子が祖父の法事で、僕の周辺にピンクのエネルギー体を見た話
・高野山奥之院で龍を見た話
・京都大原の「197（いくな）」の話
・魔王殿で「その能力を使いなさい」と言われた話
・怖いと思っていた貴船神社の龍神が笑福亭鶴瓶さんみたいに優しかった話
・精霊さんとの大声の会話を高級旅館の番頭さんに聞かれてしまった話
・個人セッションで赤いオーラが見えた話（相談内容は変更しています）
・三峯神社で「フクロウおばさん」に話しかけられたことをきっかけに講師依頼を

受けた話
・その結果、ベストセラー作家さんとコラボセミナーが開催できた話など

実話をもとにはしていますが、セリフやストーリーは創作している箇所が多くありますので、あくまでこの物語は「フィクション」と捉えていただけますと幸いです。

なお、これらの実話は起こった矢先にリアルタイムですべてブログに記事として残しています。ご興味がある方は、巻末のQRコードより私のブログが見られるようになっていますので、そちらをご覧ください。

また、登場人物も実在の方をモデルにしています。

「古事記のコウさん」とは、私の長年の友人である「古事記スクール」主宰の馬場洋さんです。実際にイラストを描いて古事記を伝える活動をしています。

物語の中で何度も登場していただいたベストセラー作家、九頭龍平八教授のモデル

は、『成功している人は、なぜ神社に行くのか』（サンマーク出版）の著者、八木龍平さんです。大事な著書の名称をアレンジすることを快諾していただいたリュウ博士の心の広さにはいつも脱帽させられています。赤坂でお茶したことを昨日のことのように思い出します。ご出演いただき、本当にありがとうございました。

私に神戸のイベントの講師の依頼をした会社は、「合同会社あいとぅるー」さんです。大澤美樹代表とは何度もイベントでご一緒させていただきました。また、本書にもご登場いただいた神戸支社長の箱根知子さん（文中・小田原智美）が私を見つけてくださらなかったら、ここまでの物語は書けませんでした。本当に感謝しています。

坂上部長は架空の人物です。私のサラリーマン時代の上司がモデルで、有休を申請すると嫌味を言うくだりなど実話をかなり盛り込み、かつ、そのモデルの方に、僕が今までに出会ってきた口の悪い上司・先輩・著名人の要素をすべて加え、煮詰めて抽出したような人物になっています。ただ、あくまで架空の人物だと捉えていただけますと幸いです。

私は高野山奥之院で龍に出会った後、龍からたくさんのインスピレーションを受け取るようになり、いろいろなことを龍から教えてもらいました。龍が語りかける言葉には、さまざまなものがありました。それは実際の「日本語」だったり、脳内に映る「イメージ」だったり、生活の中での「現象」だったり、ふと見た「テレビの内容」だったり、たまたま開いた「本」だったり。いろいろな言葉や現象を通して、龍は私に語りかけてきました。

その内容を、「龍の知恵」としてまとめたのが本書です。お話としてわかりやすくするために、龍が夢に出てくるという設定にしました。ただ「マサユキ」という人物名は夢のお告げから来ています。

私は龍に会い、人生が激変しました。それは「龍の背中に乗った」としか思えないすさまじい速さで起きました。その間、絶対に自分の力では及びもつかない出来事がたくさん起こりました。そして、サラリーマン時代にあこがれていた「自分の好きなことを仕事にして自由に生きる」を実現することができました。

そして、本書でコハクさんが予言した通り、現在私は守護龍とその人をつなぐ「龍つなぎ」という仕事を行なっています。龍のエネルギーとつながると、人生が大きく変わります。そのお手伝いをさせていただいています。

また、「龍の魔法学校」というスピリチュアルな能力を教える学校（セミナー）を不定期で開催しています。龍のエネルギーを降ろして、その人を魂から癒す「龍の魔法」は、初めて見る人はとてもびっくりされます。こちらに関しても私のブログからお知らせさせていただいていますので、巻末のQRコードからご覧いただけますと幸いです。

僕は龍のおかげで今があります。龍が夢をかなえてくれたのです。本書でも何度も触れていますが、龍は人間を応援し、幸せになってくれることを心から祈っています。「龍の背中に乗る」と、ドラマチックでドキドキワクワクの冒険のような毎日が待っています。龍は人生を大逆転させるほどパワフルな存在です。読者のみなさまに本書を通じて、龍のご加護がありましたら、これ以上の喜びはありません。

お読みいただきまして、ありがとうございました。

令和元年　六月

SHINGO

Ameba公式ブロガー

SHINGOオフィシャルブログ

Play with a Dragon.

本書の「実話」はコチラから

「夢をかなえる龍」 ご購入者限定 無料動画プレゼント！！

お金がザクザクやってくる！

龍にお金をオーダーする
超カンタン秘密の動画をプレゼント！

本書には書かれていない
SHINGOが実際に行っていた
龍にお金を運んでもらう方法を
動画にしてプレゼント！！

本書のご購入者限定のキャンペーンです。

QRコードから必要事項をご登録ください。
「秘密の動画」がご登録いただいた
メールアドレスに届きます。

※届かない場合は迷惑フォルダなどをご確認ください。

★プレゼント動画はこちら☞

※個人情報取り扱いについて
キャンペーン終了後、SHINGO事務局からご案内をさせていただくことがあります。

SHINGO（シンゴ）

1980年生まれ。

14年間勤めた上場企業を過労とストレスによる心身不調により退社。

高野山奥之院で「龍神」との出会いをきっかけに、龍が「視える」ようになる。

龍に関する情報をブログで提供するうちに「龍師」と呼ばれるようになり、龍と人との縁をつなぐ活動をトークライブやセミナーなどで行っている。

「龍はひとりに一柱（はしら）、必ず護っている」ということを教えられ、人と龍をつなぐセッション「龍つなぎ」を開始。セッションやイベントは即日完売になるほどの人気に。

最近では龍の癒しのパワーを使いながら、人の魂を覚醒させる「龍の魔法」というエネルギーワークを実施。神様のエネルギーを「体感」できるワークとして注目を集めている。現在は「龍の魔法学校」を開校し、「龍遣い」「魔法使い」の養成にも力を入れている。

【SHINGOブログ　Play with a Dragon.】
https://ameblo.jp/shingosoul

夢《ゆめ》をかなえる龍《りゅう》

2019年6月30日　初版1刷発行
2022年1月30日　　3刷発行

著　者　SHINGO
発行者　田邉浩司
発行所　株式会社 光文社
〒112-8011　東京都文京区音羽1-16-6
電話　編集部 03-5395-8172　書籍販売部 03-5395-8116　業務部 03-5395-8125
メール　non@kobunsha.com
落丁本・乱丁本は業務部へご連絡くだされば、お取り替えいたします。
組　版　萩原印刷
印刷所　萩原印刷
製本所　ナショナル製本

R<日本複製権センター委託出版物>
本書の無断複写複製（コピー）は著作権法上での例外を除き禁じられています。本書をコピーされる場合は、そのつど事前に、日本複製権センター（☎03-6809-1281、e-mail：jrrc_info@jrrc.or.jp）の許諾を得てください。

本書の電子化は私的使用に限り、著作権法上認められています。ただし代行業者等の第三者による電子データ化及び電子書籍化は、いかなる場合も認められておりません。

© Shingo 2019　Printed in Japan
ISBN978-4-334-95104-7